Gebete der Bibel

Gebete der Bibel

Zusammengestellt von
Franz Joseph Schierse

Patmos Verlag Düsseldorf

Bibelstellen: Text der Einheitsübersetzung

CIP-Kurztitelaufnahme der Deutschen Bibliothek

Gebete der Bibel / zsgest. von Franz Joseph Schierse.
- 1. Aufl. - Düsseldorf: Patmos Verlag, 1984.
Einheitssacht.: Biblia ⟨dt.⟩ Ausz.
ISBN 3-491-72135-0
NE: Schierse, Franz Joseph [Hrsg.]; EST

1. Auflage 1984
Umschlaggestaltung: Peter J. Kahrl
Gesamtherstellung: Boss-Druck, Kleve
ISBN 3-491-72135-0

Inhalt

Zur Einführung

Vor vielen Jahren schon habe ich in einem frommen Buch eine Geschichte gelesen, die mir seitdem im Gedächtnis haften geblieben ist.
Es ging da um eine sehr eifrige Seele, die bei ihrem Hinscheiden zu ihrem größten Erstaunen feststellen mußte, daß Gott sie nicht kannte. »Aber«, so sagte sie tief erschüttert, »wie ist denn das möglich, ich habe doch fast den ganzen Tag gebetet?« Da soll Gott ihr geantwortet haben: »Ja, das hast du getan, aber wenn ich einmal zu dir sprechen wollte, hast du nie Zeit gehabt, auf mich zu hören.«
Diese Geschichte will uns ohne Zweifel über das Wesen des wahren Gebets belehren. Danach heißt Beten nicht nur seine Worte an Gott richten und pausenlos zu ihm reden, sondern auch innehalten, still werden, schweigen lernen und sein heiliges Wort in sich aufnehmen. Es könnte sogar sein, daß der menschliche Beter nur noch darauf lauscht, was Gott zu ihm sagt.
In diesem Büchlein, das uns helfen will, mit der Bibel zu beten, dürfen wir also nicht nur die in der Heiligen Schrift enthaltenen Gebetstexte sammeln und vorstellen. Dazwischen sind immer wieder Verse angebracht, die im Namen Gottes zur Besinnung aufrufen und uns sein Wort hören lassen. Es wurden dafür oft kurze

Texte bevorzugt, einzelne Verse aus den Psalmen, den Propheten, den Evangelien oder Briefen, die das jeweilige Anliegen klar zum Ausdruck bringen.
Im Grunde wäre es möglich, jeden Vers der Bibel in ein Gebetbuch hineinzunehmen. Die Heilige Schrift ist immer und überall Gottes Wort, auch wenn wir dies nur mühsam begreifen. Der Versuch aber, in allen Worten der Schrift, auch den gewöhnlichsten und banalsten, Gottes heiliges Wort der Vergebung, Gnade und Zukunft zu finden, scheint mehr eine Sache der großen Beter, der Heiligen, zu sein, die schon ganz von Gott erfüllt sind. Wir, die wir uns als Anfänger und Schüler des Gebets empfinden, wollen da etwas bescheidener sein. Um am Beispiel der Bibel zu lernen, wie wir Gott in allen Dingen suchen und finden können, werden wir vorzugsweise solche Texte zu uns sprechen lassen, die schon der Form nach Gebete sind oder ihnen nahekommen.
Die Texte sind der »Einheitsübersetzung der Heiligen Schrift« entnommen. Ganz vereinzelt hat es geringfügige Veränderungen gegeben. Man wird die Einheitsübersetzung schätzen und lieben lernen, weil sie auch noch in kleinen und kurzen Versen die Schönheit und Kraft des Gotteswortes bewahrt hat.
Bei der Auswahl und Vorlage ist zunächst an den einzelnen Beter gedacht worden. Er muß die Texte kennenlernen und entscheiden, was er für sich brauchen kann. Zugleich wird er auch auf Gebete stoßen, die sich besser für eine gemeinschaftliche Verwendung eignen. Es dürfte keine allzu große Mühe kosten, sich selbst

kurze »Andachten« zusammenzustellen, falls man in der Gemeinde oder auf Tagungen nach dem Wort der Schrift sucht.
Im Verlauf dieser Arbeit, die aus mancherlei Gründen sehr mühevoll für mich war, hat mir ein Wort aus dem Lukasevangelium viel geholfen: »Maria aber bewahrte alles, was geschehen war, in ihrem Herzen und dachte darüber nach« (Lk 2,19). Es ist das ein »Schlüsselwort« christlichen Betens, und deshalb möchte ich es diesem Büchlein gern zum Leitmotiv geben.

Franz Joseph Schierse

I
Am Morgen

Schon vor dem Sonnenaufgang erhellt das Licht die Erde. Wie bei der Erschaffung der Welt verdrängt es die Finsternis.
Das Licht ist Gottes Schöpfung (Gen 1,1–5), sein Geschenk an die Menschen.
Die Schönheit des Lichtes wird in der Bibel als Widerstrahl der Herrlichkeit Gottes angesehen. Gott kleidet sich in Licht (Ps 109,2). Das Licht wird sogar als Symbol Gottes gedeutet (Weish 7,27.29 f).
So wie Jahwe ist auch Christus Licht (Joh 12,36), und wir – die wir in Christus leben – werden aus dem Licht geboren (1 Joh 1,5).

Der Morgen ist Gottes hohe Zeit. Zu keiner anderen Stunde des Tages möchten wir so lebhaft und eindringlich erfahren, was Gott mit uns vorhat.
Die Nacht ist vergangen, wir sind aufgewacht und hören seine Stimme.

Zur Besinnung

Ihr aber, Brüder, lebt nicht im Finstern,
so daß euch der Tag nicht wie ein Dieb überraschen kann.
Ihr alle seid Söhne des Lichts
und Söhne des Tages.
Wir gehören nicht der Nacht und nicht der Finsternis.
Darum wollen wir nicht schlafen wie die anderen,
sondern wach und nüchtern sein.
Denn wer schläft, schläft bei Nacht,
und wer sich betrinkt, betrinkt sich bei Nacht.
Wir aber, die dem Tag gehören,
wollen nüchtern sein und uns rüsten
mit dem Panzer des Glaubens und der Liebe
und mit dem Helm der Hoffnung auf das Heil.
Denn Gott hat uns nicht für das Gericht seines Zorns
bestimmt,
sondern dafür, daß wir durch Jesus Christus, unseren Herrn,
das Heil erlangen.
Er ist für uns gestorben,
damit wir vereint mit ihm leben,
ob wir nun wachen oder schlafen.

1 Thess 5,4–10

1

Früh morgens mach dich auf zum Herrn,
und hoffe auf sein Licht!

Sir 11,21

Herr, am Morgen hörst du mein Rufen,
am Morgen . . . halte ich Ausschau nach dir.
Leite mich, Herr, in deiner Gerechtigkeit.

Ps 5,4.9

Mein Herz ist bereit, o Gott, mein Herz ist bereit,
ich will dir singen und spielen.
Wach auf, meine Seele!
Wacht auf, Harfe und Saitenspiel!
Ich will das Morgenrot wecken.
Ich will dich vor den Völkern preisen, Herr,
dir vor den Nationen lobsingen.
Denn deine Güte reicht, so weit der Himmel ist,
deine Treue, so weit die Wolken ziehn.
Erheb dich über die Himmel, o Gott;
deine Herrlichkeit erscheine über der ganzen Erde.

Ps 57,8-12; 108,2-6

2

Herr, hab mit uns Erbarmen; denn wir hoffen auf dich.
Sei uns ein helfender Arm an jedem Morgen,
sei in der Not unsere Rettung!

Jes 33,2

Herr, . . . früh am Morgen tritt mein Gebet vor dich hin.
Warum, o Herr, verwirfst du mich,
warum verbirgst du dein Gesicht vor mir?

Ps 88,14.15

Herr, wende dich uns doch endlich zu!
Hab Mitleid mit deinen Knechten!
Sättige uns am Morgen mit deiner Huld!
Dann wollen wir jubeln und uns freuen all unsre Tage.
Es komme über uns die Güte des Herrn, unsres Gottes.
Laß das Werk unsrer Hände gedeihen,
ja, laß gedeihen das Werk unsrer Hände!

Ps 90,13.14.17

Die Huld des Herrn ist nicht erschöpft,
sein Erbarmen ist nicht zu Ende.
Neu ist es an jedem Morgen;
groß ist deine Treue.
Mein Anteil ist der Herr, sagt meine Seele,
darum harre ich auf ihn.
Gut ist der Herr zu dem, der auf ihn hofft,
zur Seele, die ihn sucht.

Klgl 3,22–25

Wie schön ist es, dem Herrn zu danken,
deinem Namen, du Höchster, zu singen,
am Morgen deine Huld zu verkünden.

Ps 92,2.3

3

*Schon beim Morgengrauen komme ich und flehe;
ich warte auf dein Wort.*

Ps 119,147

Vater unser im Himmel,
geheiligt werde dein Name.
Dein Reich komme.
Dein Wille geschehe, wie im Himmel, so auf Erden.
Unser tägliches Brot gib uns heute.
Und vergib uns unsere Schuld,
wie auch wir vergeben unseren Schuldigern.
Und führe uns nicht in Versuchung,
sondern erlöse uns von dem Bösen.

Mt 6,9–13

II
Worte in den Tag

Der Tag gehört wie sein Anfang – der Morgen – zum Reich des Lichts.
Er ist aber nicht so ungetrübt wie das Morgenlicht. Der Tag ist auch die Zeit des menschlichen Wirkens. Der Mensch prägt den Tag, aber er fühlt sich seinerseits oft vom Tag überfordert. Jeder Tag bringt neue Sorgen mit sich.
Zudem weiß der Mensch: Ein Tag gleicht nicht dem anderen. Heute kann der Tag seines Todes sein oder der Tag der Wiederkunft des Herrn, der Tag des Herrn, ein Tag voller Freude, oder es kann ein Tag voller Unglück sein.
Der Mensch ist aufgestanden und schaut in den Tag. Was kommt heute auf ihn zu? Er kann es nicht mit Sicherheit sagen.
Nur eines ist ihm gewiß: Gott, in dessen Händen der Tag ist, bleibt derselbe, gestern, heute, morgen und in Ewigkeit.

Zur Besinnung

O Tiefe des Reichtums, der Weisheit und der Erkenntnis Gottes!
Wie unergründlich sind seine Entscheidungen,
wie unerforschlich seine Wege!
Denn wer hat die Gedanken des Herrn erkannt?
Oder wer ist sein Ratgeber gewesen?
Wer hat ihm etwas gegeben,
so daß Gott ihm etwas zurückgeben müßte?
Denn aus ihm und durch ihn und auf ihn hin
ist die ganze Schöpfung.
Ihm sei Ehre in Ewigkeit! Amen.

Röm 11,33–36

Keiner von uns lebt sich selber,
und keiner stirbt sich selber:
Leben wir, so leben wir dem Herrn,
sterben wir, so sterben wir dem Herrn.
Ob wir leben oder ob wir sterben,
wir gehören dem Herrn.

Röm 14,7.8

1

»Befiehl dem Herrn deinen Weg und vertrau ihm; er wird es fügen.«

Ps 37,5

Zeige mir, Herr, deine Wege,
lehre mich deine Pfade!
Führe mich in deiner Treue und lehre mich;
denn du bist der Gott meines Heils.
Auf dich hoffe ich allezeit.

Ps 25,4.5

Der Herr ist mein Licht und mein Heil:
Vor wem sollte ich mich fürchten?
Der Herr ist die Kraft meines Lebens:
Vor wem sollte mir bangen?

Ps 27,1

Sende dein Licht und deine Wahrheit,
damit sie mich leiten.

Ps 43,3

Ich preise dich, Vater, Herr des Himmels und der Erde,
weil du all das den Weisen und Klugen verborgen,
den Unmündigen aber offenbart hast.
Ja, Vater, so hat es dir gefallen.

Mt 11,25–26

2

»Meine Speise ist es,
den Willen dessen zu tun, der mich gesandt hat,
und sein Werk zu Ende zu führen.«

Joh 4,34

Dein Wille geschehe, wie im Himmel, so auf Erden.

Mt 6,10

Deinen Willen zu tun, mein Gott, macht mir Freude,
deine Weisung trag ich im Herzen.

Ps 40,9

Ja, ich komme, um deinen Willen zu tun.

Hebr 10,9

Abba, Vater, alles ist dir möglich.
Nimm diesen Kelch von mir!
Aber nicht, was ich will,
sondern was du willst
soll geschehen.

Mk 14,36

3

»Ob ihr also eßt oder trinkt oder etwas anderes tut:
tut alles zur Verherrlichung Gottes!«

1 Kor 10,31

Alles, was ihr tut, geschehe in Liebe.

1 Kor 16,14

Eure Güte werde allen Menschen bekannt.
Der Herr ist nahe.
Sorgt euch um nichts,
sondern bringt in jeder Lage
betend und flehend eure Bitten mit Dank vor Gott.
Was immer wahrhaft, edel, recht,
was lauter, liebenswert, ansprechend ist,
darauf seid bedacht!

Phil 4,5.6.8

Herr, deine Güte reicht, so weit der Himmel ist,
deine Treue, so weit die Wolken ziehn.
Herr, du hilfst Menschen und Tieren.
Gott, wie köstlich ist deine Huld!
Die Menschen bergen sich im Schatten deiner Flügel,
sie laben sich am Reichtum deines Hauses;
du tränkst sie mit dem Strom deiner Wonnen.
Denn bei dir ist die Quelle des Lebens,
in deinem Licht schauen wir das Licht.

Ps 36,6–10

4

»Ach, Herr, bring doch Hilfe!
Ach, Herr, gib doch Gelingen!«

Ps 118,25

Du, Herr, verschließ mir nicht dein Erbarmen,
deine Huld und Wahrheit mögen mich immer
behüten!

Ps 40,12

Du aber, Herr, bist ein barmherziger und gnädiger
Gott,
du bist langmütig, reich an Huld und Treue.
Wende dich mir zu und sei mir gnädig,
gib deinem Knecht wieder Kraft,
und hilf dem Sohn deiner Magd!
Tu ein Zeichen, und schenke mir Glück!

Ps 86,15-17

Es komme über uns die Güte des Herrn, unsres
Gottes.
Laß das Werk unsrer Hände gedeihen,
ja, laß gedeihen das Werk unsrer Hände!

Ps 90,17

Der Herr behüte dich,
wenn du fortgehst und wiederkommst,
von nun an bis in Ewigkeit.

Ps 121,8

5

»Gepriesen seist du, Herr.
Lehre mich deine Gesetze!«

Ps 119,12

Du hast deine Befehle gegeben,
damit man sie genau beachtet.
Wären doch meine Schritte fest darauf gerichtet,
deinen Gesetzen zu folgen!
Ich suche dich von ganzem Herzen.
Laß mich nicht abirren von deinen Geboten!
Ich habe meine Freude an deinen Gesetzen,
dein Wort will ich nicht vergessen.
Öffne mir die Augen
für das Wunderbare an deiner Weisung!
Gib mir Einsicht, damit ich deiner Weisung folge
und mich an sie halte aus ganzem Herzen.
Wende meine Augen ab von eitlen Dingen.
Gib mir neue Kraft durch deine Gerechtigkeit!
Lehre mich Erkenntnis und rechtes Urteil!
Mein Herz ist bereit, dein Gesetz zu erfüllen,
bis ans Ende und ewig.
Ich will die Gebote meines Gottes befolgen.
Laß kein Unrecht über mich herrschen!
Meine Seele beachtet, was du gebietest,
und liebt es von Herzen.

aus Ps 119

Wer setzt eine Wache vor meinen Mund,
vor meine Lippen ein kunstvolles Siegel,
damit ich durch sie nicht zu Fall komme
und meine Zunge mich nicht ins Verderben stürzt?
Herr, Vater und Gebieter meines Lebens,
bring mich durch sie nicht zu Fall!
Wer hält eine Peitsche bereit für mein Denken
und eine Zuchtrute für mein Herz,
um ihre Vergehen nicht zu schonen
und ihnen keine Sünden zu gestatten,
damit meine Fehler sich nicht mehren,
meine Sünden sich nicht häufen
und ich nicht zu Fall komme vor meinen Feinden,
so daß mein Gegner sich über mich freuen könnte?
Herr, Vater und Gott meines Lebens,
überlaß mich nicht ihrem Plan!
Übermütige Augen gib mir nicht,
halte fern von mir die Begierde!
Unzucht und Sinnenlust sollen mich nicht ergreifen,
schamloser Gier gib mich nicht preis!

Sir 22,27–23,6

III
Am Abend

Abendgebete, wie wir sie noch als Kinder kennengelernt haben, finden sich in der Bibel nicht. Es scheint, als sei mit dem Menschen auch die ganze Schöpfung müde geworden und wolle sich zur Ruhe begeben – nur Gott, der »Hüter Israels, schläft und schlummert nicht« (Ps 121,4).
Außer einigen Psalmen, die im kirchlichen Abendgebet, der Komplet, verwandt werden, steht uns aus dem Neuen Testament ein kurzes Gebet zur Verfügung, das uns jeden Tag in die Nacht hinein begleiten soll.

Zur Besinnung

Eines Tages stieg er mit seinen Jüngern in ein Boot und sagte zu ihnen:
Wir wollen ans andere Ufer des Sees hinüberfahren.
Und sie fuhren ab.
Während der Fahrt aber schlief er ein.
Plötzlich brach über dem See ein Wirbelsturm los;
das Wasser schlug in das Boot, und sie gerieten in große Gefahr.
Da traten sie zu ihm und weckten ihn;
sie riefen: Meister, Meister, wir gehen zugrunde!
Er stand auf, drohte dem Wind und den Wellen,
und sie legten sich, und es trat Stille ein.
Dann sagte er zu den Jüngern:
Wo ist euer Glaube?
Sie aber fragten einander voll Schrecken und Staunen:
Was ist das für ein Mensch,
daß sogar die Winde und das Wasser seinem Befehl gehorchen?

Lk 8,22-25

1

Geborgen bist du,
du kannst in Ruhe schlafen.

Ijob 11,18

Ich lege mich nieder und schlafe ein,
ich wache wieder auf, denn der Herr beschützt mich.

Ps 3,6

In Frieden leg' ich mich nieder und schlafe ein;
denn du allein, Herr, läßt mich sorglos ruhen.

Ps 4,9

Wer im Schutz des Höchsten wohnt
und ruht im Schatten des Allmächtigen,
der sagt zum Herrn:
»Du bist für mich Zuflucht und Burg,
mein Gott, dem ich vertraue.«
Er rettet dich aus der Schlinge des Jägers
und aus allem Verderben.
Er beschirmt dich mit seinen Flügeln,
unter seinen Schwingen findest du Zuflucht,
Schild und Schutz ist dir seine Treue.
Du brauchst dich vor dem Schrecken der Nacht nicht
zu fürchten ...
nicht vor der Pest, die im Finstern schleicht ...

Fallen auch tausend zu deiner Seite,
dir zur Rechten zehnmal tausend,
so wird es doch dich nicht treffen.
Denn der Herr ist deine Zuflucht,
du hast dir den Höchsten als Schutz erwählt.
Dir begegnet kein Unheil,
kein Unglück naht deinem Zelt.
Denn er befiehlt seinen Engeln,
dich zu behüten auf all deinen Wegen.
Sie tragen dich auf ihren Händen,
damit dein Fuß nicht an einen Stein stößt;
du schreitest über Löwen und Nattern,
trittst auf Löwen und Drachen.
Weil er an mir hängt, will ich ihn retten;
ich will ihn schützen, denn er kennt meinen Namen.
Wenn er mich anruft, dann will ich ihn erhören.
Ich bin bei ihm in der Not,
befreie ihn und bringe ihn zu Ehren.
Ich sättige ihn mit langem Leben
und lasse ihn schauen mein Heil.

Ps 91

Wohlan, nun preiset den Herrn,
all ihr Knechte des Herrn,
die ihr steht im Hause des Herrn,
zu nächtlicher Stunde.
Erhebt eure Hände zum Heiligtum,
und preiset den Herrn!

Ps 134

2

Er läßt deinen Fuß nicht wanken

Ps 121,3

Ich hebe meine Augen auf zu den Bergen:
Woher kommt mir Hilfe?
Meine Hilfe kommt vom Herrn,
der Himmel und Erde gemacht hat.
Er läßt deinen Fuß nicht wanken;
er, der dich behütet, schläft nicht.
Nein, der Hüter Israels
schläft und schlummert nicht.
Der Herr ist dein Hüter, der Herr gibt dir Schatten;
er steht dir zur Seite.
Bei Tag wird dir die Sonne nicht schaden
noch der Mond in der Nacht.
Der Herr behüte dich vor allem Bösen,
er behüte dein Leben.

Ps 121

Herr, bleib doch bei uns;
denn es wird bald Abend,
der Tag hat sich schon geneigt.

Lk 24,29

IV
Sehnsucht nach Gott

Es ist erstaunlich, wie Menschen der Bibel ihr Verlangen nach Gott zum Ausdruck gebracht haben. Meist war es in der Zeit des Exils, also der tiefsten Erniedrigung Israels, daß der Ruf nach Gott und seinem heiligen Tempel übermächtig wurde. Zugleich gewinnt Israel die Erfahrung der Stille, des ruhigen Wartens auf Gottes Herrlichkeit, die in Jesus sichtbar geworden ist.

Zur Besinnung

Dann sagte Mose:
Laß mich doch deine Herrlichkeit sehen!
Der Herr gab zur Antwort:
Ich will meine ganze Schönheit vor dir vorüberziehen lassen
und den Namen des Herrn vor dir ausrufen.
Ich gewähre Gnade, wem ich will,
und ich schenke Erbarmen, wem ich will.
Weiter sprach er:
Du kannst mein Angesicht nicht sehen;
denn kein Mensch kann mich sehen und am Leben bleiben.
Dann sprach der Herr:
Hier, diese Stelle da! Stell dich an diesen Felsen!
Wenn meine Herrlichkeit vorüberzieht,
stelle ich dich in den Felsspalt
und halte meine Hand über dich, bis ich vorüber bin.
Dann ziehe ich meine Hand zurück,
und du wirst meinen Rücken sehen.
Mein Angesicht aber kann niemand sehen.

Ex 33,18–23

1

»Sei still vor dem Herrn
und harre auf ihn!«

Ps 37,7

Wie der Hirsch lechzt nach frischem Wasser,
so lechzt meine Seele, Gott, nach dir.
Meine Seele dürstet nach Gott,
nach dem lebendigen Gott.
Wann darf ich kommen und Gottes Antlitz schauen?
Tränen waren mein Brot bei Tag und bei Nacht;
denn man sagt zu mir den ganzen Tag:
»Wo ist nun dein Gott?«
Das Herz geht mir über, wenn ich daran denke:
wie ich zum Haus Gottes zog in festlicher Schar,
mit Jubel und Dank in feiernder Menge.
Meine Seele, warum bist du betrübt
und bist so unruhig in mir?
Harre auf Gott; denn ich werde ihm noch danken,
meinem Gott und Retter, auf den ich schaue.
Betrübt ist meine Seele in mir, darum denke ich an dich
im Jordanland, am Hermon, am Mizar-Berg.
Flut ruft der Flut zu beim Tosen deiner Wasser,
all deine Wellen und Wogen gehen über mich hin.
Ich sage zu Gott, meinem Fels:
»Warum hast du mich vergessen?
Warum muß ich trauernd umhergehen,
von meinem Feind bedrängt?«

Wie ein Stechen in meinen Gliedern
ist für mich der Hohn der Bedränger;
denn sie rufen mir ständig zu:
Wo ist nun dein Gott?
Meine Seele, warum bist du betrübt
und bist so unruhig in mir?
Harre auf Gott; denn ich werde ihm noch danken,
meinem Gott und Retter, auf den ich schaue.

Ps 42

Bei Gott allein kommt meine Seele zur Ruhe,
von ihm kommt mir Hilfe.
Bei Gott allein kommt meine Seele zur Ruhe;
denn von ihm kommt meine Hoffnung.
Nur er ist mein Fels, meine Hilfe, meine Burg;
darum werde ich nicht wanken.
Bei Gott ist mein Heil, meine Ehre;
Gott ist mein schützender Fels, meine Zuflucht.

Ps 62,2.6–8

2

»Wann kommst du zu mir?
Ich lebe in der Stille meines Hauses
mit lauterem Herzen.«

Ps 101,2

Ich erhebe meine Augen zu dir,
der du hoch im Himmel thronst.
Wie die Augen der Knechte auf die Hand ihres Herrn,
wie die Augen der Magd auf die Hand ihrer Herrin,
so schauen unsre Augen auf den Herrn, unsern Gott,
bis er uns gnädig ist.
Sei uns gnädig, Herr, sei uns gnädig!
Denn übersatt sind wir vom Hohn der Spötter,
übersatt ist unsre Seele von ihrem Spott,
von der Verachtung der Stolzen.

Ps 123

Gott, du mein Gott, dich suche ich,
meine Seele dürstet nach dir.
Nach dir schmachtet mein Leib
wie dürres, lechzendes Land ohne Wasser.
Darum halte ich Ausschau nach dir im Heiligtum,
um deine Macht und Herrlichkeit zu sehen.
Denn deine Huld ist besser als das Leben;
darum preisen dich meine Lippen.
Ich will dich rühmen mein Leben lang,
in deinem Namen die Hände erheben.
Ich denke an dich auf nächtlichem Lager
und sinne über dich nach, wenn ich wache.
Ja, du wurdest meine Hilfe;
jubeln kann ich im Schatten deiner Flügel.
Meine Seele hängt an dir,
deine rechte Hand hält mich fest.

Ps 63,2–9

3

»Laß mich doch deine Herrlichkeit sehen!«

Ex 33,18

Herr, mein Herz ist nicht stolz,
nicht hochmütig blicken meine Augen.
Ich gehe nicht um mit Dingen,
die mir zu wunderbar und zu hoch sind.
Ich ließ meine Seele ruhig werden und still;
wie ein kleines Kind bei der Mutter
ist meine Seele still in mir.

Ps 131,1–2

Lauter Güte ist Gott für Israel,
für alle Menschen mit reinem Herzen.
Ich aber bleibe immer bei dir,
du hältst mich an meiner Rechten.
Du leitest mich nach deinem Ratschluß
und nimmst mich am Ende auf in Herrlichkeit.
Was habe ich im Himmel außer dir?
Neben dir erfreut mich nichts auf der Erde.
Auch wenn mein Leib und mein Herz verschmachten,
Gott ist der Fels meines Herzens
und mein Anteil auf ewig.
Ja, wer dir fern ist, geht zugrunde.
Ich aber – Gott nahe zu sein ist mein Glück.

Ps 73,1.23–28

Der selige und einzige Herrscher,
der König der Könige und Herr der Herren,
der allein die Unsterblichkeit besitzt,
der in unzugänglichem Licht wohnt,
den kein Mensch gesehen hat
noch je zu sehen vermag:
Ihm gebührt Ehre und ewige Macht.

1 Tim 6,15–16

Groß und wunderbar sind deine Taten,
Herr, Gott und Herrscher über die ganze Schöpfung.
Gerecht und zuverlässig sind deine Wege,
du König der Völker.
Wer wird dich nicht fürchten, Herr,
wer wird deinen Namen nicht preisen?
Denn du allein bist heilig:
Alle Völker kommen und beten dich an;
denn deine gerechten Taten sind offenbar geworden.

Offb 15,3–4

Halleluja!
Denn König geworden ist der Herr, unser Gott,
der Herrscher über die ganze Schöpfung.
Wir wollen uns freuen und jubeln
und ihm die Ehre erweisen.

Offb 19,6–7

Amen, Lob und Herrlichkeit,
Weisheit und Dank,
Ehre und Macht und Stärke
unserem Gott in alle Ewigkeit. Amen.

Offb 7,12

4

Ich sehe, Herr, was du früher getan hast.
Laß es in diesen Jahren wieder geschehen.

Hab 3,2

Das Gebet des Habakuk

Herr, ich höre die Kunde,
ich sehe, Herr, was du früher getan hast.
Laß es in diesen Jahren wieder geschehen,
offenbare es in diesen Jahren!
Auch wenn du zürnst, denk an dein Erbarmen!
Gott kommt von Teman her,
der Heilige kommt vom Gebirge Paran.
Seine Hoheit überstrahlt den Himmel,
sein Ruhm erfüllt die Erde.
Er leuchtet wie das Licht der Sonne,
ein Kranz von Strahlen umgibt ihn,
in ihnen verbirgt sich seine Macht.
Die Seuche zieht vor ihm her,
die Pest folgt seinen Schritten.
Wenn er kommt, wird die Erde erschüttert,
wenn er hinblickt, zittern die Völker.
Da zerbersten die ewigen Berge,
versinken die uralten Hügel.
Herr, ist dein Zorn gegen die Flüsse entbrannt
und dein Groll gegen das Meer,
daß du mit deinen Rossen heranstürmst
und mit deinen siegreichen Wagen?

Du hast den Bogen aus der Hülle genommen,
du hast die Pfeile auf die Sehne gelegt.
Du spaltest die Erde,
und es brechen Ströme hervor;
dich sehen die Berge und zittern,
tosender Regen prasselt nieder;
die Urflut brüllt auf
und reckt ihre Hände empor.
Sonne und Mond bleiben in ihrer Wohnung;
sie vergehen im grellen Licht deiner Pfeile,
im Glanz deiner blitzenden Lanze.
Voll Zorn schreitest du über die Erde,
in deinem Groll zerstampfst du die Völker.
Du ziehst aus, um dein Volk zu retten,
um deinem Gesalbten zu helfen.
Vom Haus des Ruchlosen schlägst du das Dach weg
und legst das Fundament frei
bis hinab auf den Felsen.
Du bahnst mit deinen Rossen
den Weg durch das Meer,
durch das gewaltig schäumende Wasser.
Ich zitterte am ganzen Leib, als ich es hörte,
ich vernahm den Lärm, und ich schrie.

Fäulnis befällt meine Glieder,
und es wanken meine Schritte.
Doch in Ruhe erwarte ich den Tag der Not,
der dem Volk bevorsteht, das über uns herfällt.
Zwar blüht der Feigenbaum nicht,
an den Reben ist nichts zu ernten,
der Ölbaum bringt keinen Ertrag,
die Kornfelder tragen keine Frucht;
im Pferch sind keine Schafe,
im Stall steht kein Rind mehr.
Dennoch will ich jubeln über den Herrn,
und mich freuen über Gott, meinen Retter.
Gott, der Herr, ist meine Kraft.
Er macht meine Füße schnell
wie die Füße der Hirsche
und läßt mich schreiten auf den Höhen.

Hab 3

5

Sieh, groß ist Gott in seiner Macht.

Ijob 36,22

Sieh, groß ist Gott in seiner Macht.
Wer ist ein Lehrer wie er?
Wer will ihm weisen seinen Weg?
Wer kann ihm sagen: Du tust Unrecht?
Denk daran, hoch sein Werk zu preisen,
von dem die Menschen Lieder singen.
Alle Welt schaut es voll Staunen,
von ferne nur erblickt es der Mensch.
Sieh, Gott ist groß, nicht zu begreifen,
unerforschlich ist die Zahl seiner Jahre.
Denn er zieht die Wassertropfen herauf,
als Regen ergießen sie sich aus der Flut.
Durch ihn rieseln die Wolken,
träufeln nieder auf die vielen Menschen.
Wer gar versteht der Wolke Schweben,
den Donnerhall aus seinem Zelt?
Sieh, darüber breitet er sein Licht
und deckt des Meeres Wurzeln zu.
Denn damit richtet er die Völker,
gibt Speise in reicher Fülle.
Mit leuchtenden Blitzen füllt er beide Hände,
bietet sie auf gegen den, der angreift.
Ihn kündigt an sein Donnerhall,
wenn er im Zorn gegen den Frevel eifert.

Ijob 36,22–33

Die Totengeister zittern drunten,
die Wasser mit ihren Bewohnern.
Nackt liegt die Unterwelt vor ihm,
keine Hülle deckt den Abgrund.
Er spannt über dem Leeren den Norden,
hängt die Erde auf am Nichts.
Er bindet das Wasser in sein Gewölk;
doch birst darunter die Wolke nicht.
Er verschließt den Anblick seines Throns
und breitet darüber sein Gewölk.
Eine Grenze zieht er rund um die Wasser
bis an den Rand von Licht und Finsternis.
Die Säulen des Himmels erzittern,
sie erschrecken vor seinem Drohen.
Durch seine Kraft stellt still er das Meer,
durch seine Klugheit zerschmettert er Rahab.
Durch seinen Hauch wird heiter der Himmel,
seine Hand durchbohrt die flüchtige Schlange.
Siehe, das sind nur die Säume seines Waltens;
wie ein Flüstern ist das Wort,
das wir von ihm vernehmen.
Doch das Donnern seiner Macht,
wer kann es begreifen?

Ijob 26,5–14

V
Um den Segen Gottes

»Segnen« heißt im Lateinischen »benedicere«, gut (von jemand) reden, jemand Gutes zusprechen. Wenn Gott uns also mit seinem wirksamen Wort »segnet«, werden wir »gute« Menschen, und alle Bosheit wird von uns genommen. Mit dem deutschen Wort »Segen« verbindet sich allerdings mehr der Gedanke an materielle Güter, die uns unerwartet und überreich zuteil werden.

In der Bibel sind wohl beide Motive zu berücksichtigen: das gute Wort Gottes und die Früchte des Segens. Dem Fluch der Sünde wird der Segen Gottes entgegengestellt, und Mittler dieses Segens sind Abraham (Gen 12,1–3) und sein Nachkomme Jesus Christus (Gal 3,6–18).

Zur Besinnung

Der Herr denkt an uns, er wird uns segnen,
er wird das Haus Israel segnen,
er wird das Haus Aaron segnen.
Der Herr wird alle segnen, die ihn fürchten,
segnen Kleine und Große.
Es mehre euch der Herr,
euch und eure Kinder.
Seid gesegnet vom Herrn,
der Himmel und Erde gemacht hat.

Ps 115,12–15

Ich werde dich zu einem großen Volk machen,
dich segnen und deinen Namen groß machen.
Ein Segen sollst du sein.
Ich will segnen, die dich segnen;
wer dich verwünscht, den will ich verfluchen.
Durch dich sollen alle Geschlechter der Erde
Segen erlangen.

Gen 12,2–3

1

Ich lasse dich nicht los,
wenn du mich nicht segnest.

Gen 32,27

Blick von deiner heiligen Wohnung, vom Himmel,
herab,
und segne dein Volk Israel
und das Land, das du uns gegeben hast,
wie du es unseren Vätern geschworen hattest,
das Land, wo Milch und Honig fließen.

Dtn 26,15

Die Völker sollen dir danken, o Gott,
danken sollen dir die Völker alle.
Die Nationen sollen sich freuen und jubeln.
Denn du richtest den Erdkreis gerecht.
Du richtest die Völker nach Recht
und regierst die Nationen auf Erden.
Die Völker sollen dir danken, o Gott,
danken sollen dir die Völker alle.
Das Land gab seinen Ertrag.
Es segne uns Gott, unser Gott.
Es segne uns Gott.
Alle Welt fürchte und ehre ihn.

Ps 67

Der Herr segne dich und behüte dich.
Der Herr lasse sein Angesicht über dich leuchten und sei dir gnädig.
Der Herr wende sein Angesicht dir zu und schenke dir Heil.

Num 6,23–26

Gott sei uns gnädig und segne uns.
Er lasse über uns sein Angesicht leuchten,
damit auf Erden sein Weg erkannt wird
und unter allen Völkern sein Heil.

Ps 67,2–3

Davids Dank für Gottes Segen

Wer bin ich, mein Herr und Gott,
und was ist mein Haus,
daß du mich bis hierher geführt hast?
Weil das in deinen Augen noch zu wenig war, mein Herr und Gott,
hast du dem Haus deines Knechtes
sogar Zusagen für die ferne Zukunft gemacht.

Ist das eine Weisung, wie sie einem schwachen
Menschen zukommt,
mein Herr und Gott? . . .
Du kennst deinen Knecht, mein Herr und Gott.
Um deines Wortes willen und nach der Absicht
deines Herzens
hast du alle diese großen Taten getan
und deinem Knecht offenbart.
Darum bist du groß, mein Herr und Gott.
Ja, keiner ist dir gleich,
und außer dir gibt es keinen Gott
nach allem, was wir mit unseren Ohren gehört haben.
Welches andere Volk auf der Erde ist wie dein Volk
Israel?
Wo wäre ein Gott hingegangen,
um ein Volk für sich als sein Volk freizukaufen
und ihm einen Namen zu machen
und für dieses Volk große und erstaunliche Taten
zu vollbringen,
so wie du ganze Völker und ihre Götter vertrieben
hast
vor den Augen deines Volkes,
das du dir von den Ägyptern freigekauft hast?

Du hast Israel auf ewig zu deinem Volk bestimmt,
und du, Herr, bist sein Gott geworden.
Doch nun, Herr und Gott, verleih dem Wort,
das du über deinen Knecht und über sein Haus gesprochen hast,
für immer Geltung, und tu, was du gesagt hast.
Dann wird dein Name groß sein für ewige Zeiten,
und man wird sagen:
Der Herr der Heere ist Israels Gott!,
und das Haus deines Knechtes David wird vor deinen Augen Bestand haben.
Denn du, Herr der Heere, Gott Israels, hast deinem Knecht offenbart:
Ich will dir ein Haus bauen.
Darum fand dein Knecht den Mut, so zu dir zu beten:
Ja, mein Herr und Gott, du bist der einzige Gott,
und deine Worte sind wahr.
Du hast deinem Knecht ein solches Glück zugesagt.
So segne jetzt gnädig das Haus deines Knechtes,
damit es ewig vor deinen Augen Bestand hat.
Denn du, mein Herr und Gott, hast es versprochen,
und mit deinem Segen wird das Haus deines Knechtes für immer gesegnet sein.

2 Sam 7,18–29

2

Der Segen des Herrn sei mit euch.

Ps 129,8

Wohl dem Mann, der den Herrn fürchtet und ehrt
und der auf seinen Wegen geht!
Was deine Hände erwarben, kannst du genießen,
wohl dir, es wird dir gut ergehn.
Wie ein fruchtbarer Weinstock ist deine Frau
drinnen in deinem Haus.
Wie junge Ölbäume sind deine Kinder
rings um deinen Tisch.
So wird der Mann gesegnet,
der den Herrn fürchtet und ehrt.
Es segne dich der Herr vom Zion her.
Du sollst dein Leben lang das Glück Jerusalems
schauen
und die Kinder deiner Kinder sehen.
Frieden über Israel!

Ps 128

Du sorgst für das Land und tränkst es;
du überschüttest es mit Reichtum.
Der Bach Gottes ist reichlich gefüllt,
du schaffst ihnen Korn; so ordnest du alles.
Du tränkst die Furchen, ebnest die Schollen,
machst sie weich durch Regen,
segnest ihre Gewächse.
Du krönst das Jahr mit deiner Güte,
deinen Spuren folgt Überfluß.
In der Steppe prangen die Auen,
die Höhen umgürten sich mit Jubel.
Die Weiden schmücken sich mit Herden,
die Täler hüllen sich in Korn.
Sie jauchzen und singen.

Ps 65,10–14

3

»Also gehören alle, die glauben,
zu dem glaubenden Abraham
und werden wie er gesegnet.«

Gal 3,9

Gepriesen sei der Gott und Vater
unseres Herrn Jesus Christus:
Er hat uns mit allem Segen seines Geistes gesegnet
durch unsere Gemeinschaft mit Christus im Himmel.
Denn in ihm hat er uns erwählt
vor der Erschaffung der Welt,
damit wir heilig und untadelig leben vor Gott;
er hat uns aus Liebe im voraus dazu bestimmt,
seine Söhne zu werden durch Jesus Christus
und nach seinem gnädigen Willen zu ihm zu gelangen,
zum Lob seiner herrlichen Gnade.
Er hat sie uns geschenkt in seinem geliebten Sohn;
durch sein Blut haben wir die Erlösung,
die Vergebung der Sünden nach dem Reichtum seiner
Gnade.
Durch sie hat er uns mit aller Weisheit und Einsicht
reich beschenkt
und hat uns das Geheimnis seines Willens kundgetan,
wie er es gnädig im voraus bestimmt hat:
Er hat beschlossen, die Fülle der Zeiten
heraufzuführen,
in Christus alles zu vereinen,
alles, was im Himmel und auf Erden ist.

Durch ihn sind wir auch als Erben vorherbestimmt
und eingesetzt
nach dem Plan dessen, der alles so verwirklicht,
wie er es in seinem Willen beschließt;
Wir sind zum Lob seiner Herrlichkeit bestimmt,
die wir schon früher auf Christus gehofft haben.
Durch ihn habt auch ihr das Wort der Wahrheit gehört,
das Evangelium von eurer Rettung,
durch ihn habt ihr das Siegel des verheißenen
Heiligen Geistes empfangen,
als ihr den Glauben annahmt.
Der Geist ist der erste Anteil des Erbes,
das wir erhalten sollen,
der Erlösung, durch die wir Gottes Eigentum werden,
zum Lob seiner Herrlichkeit.

Eph 1,3–14

VI
Um die Weisheit

Die Weisheit, im orientalischen Raum ursprünglich eine Meisterin der Schulbildung und Lebenserfahrung, ist vom Frühjudentum als Throngenossin Gottes und seine höchste Gabe für den Menschen aufgefaßt worden. Weise zu sein bedeutet darum mehr als in der griechischen Kultur: Es geht um die Freundschaft mit Gott, um Angleichung an seine schöpferischen und künstlerischen Fähigkeiten.

Zur Besinnung

In ihr ist ein Geist,
gedankenvoll, heilig, einzigartig,
mannigfaltig, zart, beweglich,
durchdringend, unbefleckt, klar,
unverletzlich, das Gute liebend, scharf,
nicht zu hemmen, wohltätig, menschenfreundlich,
fest, sicher, ohne Sorge,
alles vermögend, alles überwachend
und alle Geister durchdringend,
die denkenden, reinen und zartesten.
Denn die Weisheit ist beweglicher als alle Bewegung;
in ihrer Reinheit durchdringt und erfüllt sie alles.
Sie ist ein Hauch der Kraft Gottes
und reiner Ausfluß der Herrlichkeit des Allherrschers;
darum fällt kein Schatten auf sie.
Sie ist der Widerschein des ewigen Lichts,
der ungetrübte Spiegel von Gottes Kraft,
das Bild seiner Vollkommenheit.
Sie ist nur eine und vermag doch alles;
ohne sich zu ändern, erneuert sie alles.
Von Geschlecht zu Geschlecht tritt sie in heilige Seelen ein
und schafft Freunde Gottes und Propheten;
denn Gott liebt nur den,
der mit der Weisheit zusammenwohnt.
Sie ist schöner als die Sonne
und übertrifft jedes Sternbild.

Sie ist strahlender als das Licht;
denn diesem folgt die Nacht,
doch über die Weisheit siegt keine Schlechtigkeit.
Machtvoll entfaltet sie ihre Kraft
von einem Ende zum andern
und durchwaltet voll Güte das All.

Weish 7,22–8,1

1

Ich betete, und es wurde mir Klugheit gegeben;
ich flehte, und der Geist der Weisheit kam zu mir.

Weish 7,7

Mir aber gewähre Gott, nach meiner Einsicht zu
sprechen,
und zu denken, wie die empfangenen Gaben es
wert sind;
denn er ist der Führer der Weisheit
und hält die Weisen auf dem rechten Weg.
Wir und unsere Worte sind in seiner Hand,
auch alle Klugheit und praktische Erfahrung.
Er verlieh mir untrügliche Kenntnis der Dinge,
so daß ich den Aufbau der Welt
und das Wirken der Elemente verstehe,
Anfang und Ende und Mitte der Zeiten,
die Abfolge der Sonnenwenden
und den Wandel der Jahreszeiten,
den Kreislauf der Jahre und die Stellung der Sterne,
die Natur der Tiere und die Wildheit der Raubtiere,
die Gewalt der Geister und die Gedanken der Menschen,
die Verschiedenheit der Pflanzen
und die Kräfte der Wurzeln.
Alles Verborgene und alles Offenbare habe ich erkannt;
denn es lehrte mich die Weisheit,
die Meisterin aller Dinge.

Weish 7,15–21

Ich preise dich, Vater, Herr des Himmels und der Erde,
weil du all das den Weisen und Klugen verborgen,
den Unmündigen aber offenbart hast.
Ja, Vater, so hat es dir gefallen.

Mt 11,25–26

2

Den Menschen hast du durch deine Weisheit erschaffen,
durch die Weisheit wurde er errettet.

Weish 9,2.19

Gott der Väter und Herr des Erbarmens,
du hast das All durch dein Wort gemacht.
Den Menschen hast du durch deine Weisheit erschaffen,
damit er über deine Geschöpfe herrscht.
Er soll die Welt in Heiligkeit und Gerechtigkeit leiten
und Gericht halten in rechter Gesinnung.
Gib mir die Weisheit, die an deiner Seite thront,
und verstoß mich nicht aus der Schar deiner Kinder!
Ich bin ja dein Knecht, der Sohn deiner Magd,
ein schwacher Mensch, dessen Leben nur kurz ist,
und gering ist meine Einsicht in Recht und Gesetz.
Wäre einer auch vollkommen unter den Menschen,
er wird kein Ansehen genießen,
wenn ihm deine Weisheit fehlt.
Mit dir ist die Weisheit, die deine Werke kennt
und die zugegen war, als du die Welt erschufst.
Sie weiß, was dir gefällt
und was recht ist nach deinen Geboten.
Sende sie vom heiligen Himmel
und schick sie vom Thron deiner Herrlichkeit,
damit sie bei mir sei und alle Mühe mit mir teile
und damit ich erkenne, was dir gefällt.
Denn sie weiß und versteht alles;
sie wird mich in meinem Tun besonnen leiten
und mich in ihrem Lichtglanz schützen.

Dann wird dir mein Handeln gefallen.
Denn welcher Mensch kann Gottes Plan erkennen,
oder wer begreift, was der Herr will?
Unsicher sind die Berechnungen der Sterblichen
und hinfällig unsere Gedanken;
denn der vergängliche Leib beschwert die Seele,
und das irdische Zelt belastet
den um vieles besorgten Geist.
Wir erraten kaum, was auf der Erde vorgeht,
und finden nur mit Mühe,
was doch auf der Hand liegt;
wer kann dann ergründen, was im Himmel ist?
Wer hat je deinen Plan erkannt,
wenn du ihm nicht Weisheit gegeben
und deinen heiligen Geist aus der Höhe gesandt hast?
So wurden die Pfade der Erdenbewohner gerade gemacht,
und die Menschen lernten, was dir gefällt;
durch die Weisheit wurden sie gerettet.

Weish 9,1–6.9–19

VII
Um das tägliche Brot

Wer um das tägliche Brot bittet, braucht nicht viele Worte zu machen. Oft genügt es schon, die Hand hinzuhalten und ein »bitte« und »danke« zu sagen. So kennt auch die Bibel nur wenige Tischgebete, obwohl doch fast ständig vom Essen und Trinken, vom Hungern und Dürsten, von Brot und Wein die Rede ist. Wir haben deshalb die seltenen Tischgebete der Bibel mit Texten aufgefüllt, aus denen der tiefere Sinn des menschlichen Urverlangens nach Speise und Trank hervorgeht. Da es gewiß ist, daß der Mensch nicht vom Brot allein lebt (vgl. Mt 4,4), hungert und dürstet ihn wirklich nach Gott?

Zur Besinnung

Im Schweiße deines Angesichts
sollst du dein Brot essen,
bis du zurückkehrst zum Ackerboden;
von ihm bist du ja genommen.
Denn Staub bist du, zum Staub mußt du zurück.

Gen 3,19

Gott gebe dir vom Tau des Himmels,
vom Fett der Erde, viel Korn und Most.

Gen 27,28

Am Abend werdet ihr Fleisch zu essen haben,
am Morgen werdet ihr satt sein von Brot,
und ihr werdet erkennen,
daß ich der Herr, euer Gott, bin.
Das ist das Brot,
das der Herr euch zu essen gibt.

Ex 16,12.15

Ich bin das Brot des Lebens;
wer zu mir kommt,
wird nie mehr hungern,
und wer an mich glaubt,
wird nie mehr Durst haben.

Joh 6,35

1

Schaut auf die Vögel des Himmels:
Sie säen nicht und ernten nicht,
und euer Vater im Himmel ernährt sie.

Mt 6,26

Der Herr ist mein Hirte,
nichts wird mir fehlen.
Er läßt mich lagern auf grünen Auen
und führt mich zum Ruheplatz am Wasser.
Er stillt mein Verlangen,
er leitet mich auf rechten Pfaden,
treu seinem Namen.
Muß ich auch wandern in finsterer Schlucht,
ich fürchte kein Unheil;
denn du bist bei mir,
dein Stock und dein Stab geben mir Zuversicht.
Du deckst mir den Tisch
vor den Augen meiner Feinde.
Du salbst mein Haupt mit Öl,
du füllst mir reichlich den Becher.
Lauter Güte und Huld werden mir folgen
  mein Leben lang,
und im Haus des Herrn darf ich wohnen
  für lange Zeit.

Ps 23

Aller Augen warten auf dich,
und du gibst ihnen Speise zur rechten Zeit.
Du öffnest deine Hand
und sättigst alles, was lebt,
nach deinem Gefallen.

Ps 145,15–16

Unser tägliches Brot gib uns heute.

Mt 6,11

Du läßt die Quellen hervorsprudeln in den Tälern,
sie eilen zwischen den Bergen dahin.
Allen Tieren des Feldes spenden sie Trank,
die Wildesel stillen ihren Durst daraus.
An den Ufern wohnen die Vögel des Himmels,
aus den Zweigen erklingt ihr Gesang.
Du tränkst die Berge aus deinen Kammern,
aus deinen Wolken wird die Erde satt.
Du läßt Gras wachsen für das Vieh,
auch Pflanzen für den Menschen, die er anbaut,
damit er Brot gewinnt von der Erde
und Wein, der das Herz des Menschen erfreut,
damit sein Gesicht von Öl erglänzt
und Brot das Menschenherz stärkt.
Sie alle warten auf dich,
daß du ihnen Speise gibst zur rechten Zeit.
Gibst du ihnen, dann sammeln sie ein;
öffnest du deine Hand, werden sie satt an Gutem.

Ps 104,10–15.27–28

2

Der Mensch lebt nicht nur von Brot,
sondern von jedem Wort, das aus Gottes Mund kommt.

Mt 4,3.4

Kostet und seht, wie gütig der Herr ist;
wohl dem, der zu ihm sich flüchtet!

Ps 34,9

Der Herr der Heere wird auf dem Berg Zion
für alle Völker ein Festmahl geben
mit den feinsten Speisen,
ein Gelage mit erlesenen Weinen,
mit den besten und feinsten Speisen,
mit besten, erlesenen Weinen.
Er zerreißt auf diesem Berg die Hülle,
die alle Nationen verhüllt,
und die Decke, die alle Völker bedeckt.
Er beseitigt den Tod für immer.
Gott, der Herr, wischt die Tränen ab
von jedem Gesicht.

Jes 25,6–8

Und er nahm Brot, sprach das Dankgebet,
brach das Brot und reichte es ihnen mit den Worten:
Das ist mein Leib, der für euch hingegeben wird.
Tut dies zu meinem Gedächtnis!
Ebenso nahm er nach dem Mahl den Kelch und sagte:
Dieser Kelch ist der Neue Bund in meinem Blut,
das für euch vergossen wird.

Lk 22,19–20

Herr, ich bin nicht würdig, daß du eingehst unter
mein Dach,
aber sprich nur ein Wort.

Lk 7,6–7

VIII
Um Frieden

Friede ist die Frucht der Gerechtigkeit. Gerechtigkeit aber herrscht nur, wo Feindschaften versöhnt, wo Unrecht und Unfriede beseitigt sind. Das Gebet um Frieden muß deshalb von der Bereitschaft begleitet sein, die »Waffen der Gerechtigkeit« (Röm 6,13) zu ergreifen und für Gottes Herrschaft zu kämpfen.

Nach Frieden sehnt sich der Mensch in allen Lebensbereichen. So bitten vor allem die Psalmen um Schutz vor Verfolgern und Feinden, die Texte aus dem Jesaja-Buch meditieren auf vielerlei Weise über den messianischen Friedenskönig und sein Reich, und im Neuen Testament geht es um die Aufrichtung dieser Gottesherrschaft, die der Welt den ewigen Frieden bringt.

Zur Besinnung

Jeder Stiefel, der dröhnend daherstampft,
jeder Mantel, der mit Blut befleckt ist,
wird verbrannt, wird ein Fraß des Feuers.
Denn uns ist ein Kind geboren, ein Sohn ist uns geschenkt.
Die Herrschaft liegt auf seiner Schulter;
man nennt ihn: Wunderbarer Ratgeber, Starker Gott,
Vater in Ewigkeit, Fürst des Friedens.
Seine Herrschaft ist groß, und der Friede hat kein Ende.

Jes 9,4–6

Dann wohnt der Wolf beim Lamm,
der Panther liegt beim Böcklein.
Kalb und Löwe weiden zusammen,
ein kleiner Knabe kann sie hüten.
Kuh und Bärin freunden sich an,
ihre Jungen liegen beieinander.
Der Löwe frißt Stroh wie das Rind.
Der Säugling spielt vor dem Schlupfloch der Natter,
das Kind streckt seine Hand in die Höhle der Schlange.
Man tut nichts Böses mehr und begeht kein Verbrechen
auf meinem ganzen heiligen Berg;
denn das Land ist erfüllt von der Erkenntnis des Herrn,
so wie das Meer mit Wasser gefüllt ist.

Jes 11,6–9

1

Ich gehe in eurer Mitte;
ich bin euer Gott,
und ihr seid mein Volk.

Lev 26,12

Herr, warum bleibst du so fern,
verbirgst dich in Zeiten der Not?
Herr, steh auf, Gott, erheb deine Hand,
vergiß die Gebeugten nicht!
Warum darf der Frevler Gott verachten,
und in seinem Herzen sagen: »Du strafst nicht«?
Du siehst es ja selbst;
denn du schaust auf Unheil und Kummer.
Der Schwache vertraut sich dir an;
du bist den Verwaisten ein Helfer.
Zerbrich den Arm des Frevlers und des Bösen,
bestraf seine Frevel,
so daß man von ihm nichts mehr findet.
Du verschaffst den Verwaisten und Bedrückten
ihr Recht.
Kein Mensch mehr verbreite Schrecken im Land.

Ps 10,1.12–15.18

Wie lange noch, Herr, vergißt du mich ganz?
Wie lange noch verbirgst du dein Gesicht vor mir?
Wie lange noch muß ich Schmerzen ertragen
in meiner Seele,
in meinem Herzen Kummer Tag für Tag?
Wie lange noch darf mein Feind über mich
triumphieren?

Blick doch her, erhöre mich, Herr, mein Gott,
erleuchte meine Augen,
damit ich nicht entschlafe und sterbe,
damit mein Feind nicht sagen kann:
»Ich habe ihn überwältigt«,
damit meine Gegner nicht jubeln,
weil ich ihnen erlegen bin.
Ich aber baue auf deine Huld,
mein Herz soll über deine Hilfe frohlocken.
Singen will ich dem Herrn,
weil er mir Gutes getan hat.

Ps 13

Ich rufe dich an, denn du, Gott, erhörst mich.
Wende dein Ohr mir zu, vernimm meine Rede!
Wunderbar erweise deine Huld!
Du rettest alle, die sich an deiner Rechten vor den
  Feinden bergen.
Behüte mich wie den Augapfel, den Stern des Auges,
birg mich im Schatten deiner Flügel
vor den Frevlern, die mich hart bedrängen,
vor den Feinden, die mich wütend umringen.

Erheb dich, Herr, tritt dem Frevler entgegen!
Wirf ihn zu Boden, mit deinem Schwert entreiß
mich ihm!
Rette mich, Herr, mit deiner Hand vor diesen Leuten,
vor denen, die im Leben schon alles haben . . .
Ich aber will in Gerechtigkeit dein Angesicht schauen,
mich satt sehen an deiner Gestalt, wenn ich erwache.

Ps 17,6–9.13–15

Der Herr ist mein Licht und mein Heil:
Vor wem sollte ich mich fürchten?
Der Herr ist die Kraft meines Lebens:
Vor wem sollte mir bangen?
Dringen Frevler auf mich ein,
um mich zu verschlingen,
meine Bedränger und Feinde,
sie müssen straucheln und fallen.
Mag ein Heer mich belagern:
Mein Herz wird nicht verzagen.
Mag Krieg gegen mich toben:
Ich bleibe dennoch voll Zuversicht.

Ps 27,1–3

Herr, ich suche Zuflucht bei dir.
Laß mich doch niemals scheitern;
rette mich in deiner Gerechtigkeit!
Wende dein Ohr mir zu,
erlöse mich bald!
Sei mir ein schützender Fels,
eine feste Burg, die mich rettet.
Denn du bist mein Fels und meine Burg;
um deines Namens willen wirst du mich führen
und leiten.
Du wirst mich befreien aus dem Netz,
das sie mir heimlich legten;
denn du bist meine Zuflucht.
In deine Hände lege ich voll Vertrauen meinen Geist;
du hast mich erlöst, Herr, du treuer Gott.
Ich will jubeln und über deine Huld mich freuen;
denn du hast mein Elend angesehn,
du bist mit meiner Not vertraut.
Du hast mich nicht preisgegeben
der Gewalt meines Feindes,
hast meinen Füßen freien Raum geschenkt.

Ps 31,2–9

Streite, Herr, gegen alle, die gegen mich streiten,
bekämpfe alle, die mich bekämpfen!
Ergreife Schild und Waffen; steh auf, um mir zu helfen!
Schwing den Speer und die Lanze gegen meine
Verfolger!
Sag zu mir: »Ich bin deine Hilfe.«
Meine Seele aber wird jubeln über den Herrn
und sich über seine Hilfe freuen.
Mit Leib und Seele will ich sagen:
Herr, wer ist wie du?
Du entreißt den Schwachen dem, der stärker ist,
den Schwachen und Armen dem, der ihn ausraubt.

Ps 35,1–3.9–10

Herr, wie lange noch wirst du das ansehn?
Rette mein Leben vor den wilden Tieren,
mein einziges Gut vor den Löwen!
Ich will dir danken in großer Gemeinde,
vor zahlreichem Volk dich preisen.
Über mich sollen die sich nicht freuen,
die mich ohne Grund befeinden.
Sie sollen nicht mit den Augen zwinkern,
die mich grundlos hassen.

Denn was sie reden, dient nicht dem Frieden;
gegen die Stillen im Land ersinnen sie listige Pläne.
Du hast es gesehen, Herr. So schweig doch nicht!
Herr, bleib mir nicht fern!
Wach auf, tritt ein für mein Recht,
verteidige mich, mein Gott und mein Herr!
Verschaff mir Recht nach deiner Gerechtigkeit,
Herr, mein Gott!
Alle sollen sich freun und jubeln,
die wünschen, daß ich im Recht bin.
Sie sollen jederzeit sagen: »Groß ist der Herr,
er will das Heil seines Knechtes.«
Meine Zunge soll deine Gerechtigkeit verkünden,
dein Lob alle Tage.

Ps 35,17–20.22–24.27–28

Ich will hören, was Gott redet:
Frieden verkündet der Herr seinem Volk
und seinen Frommen,
den Menschen mit redlichem Herzen.
Sein Heil ist denen nahe, die ihn fürchten.
Seine Herrlichkeit wohne in unserem Land.
Es begegnen einander Huld und Treue;
Gerechtigkeit und Friede küssen sich.
Treue sproßt aus der Erde hervor;
Gerechtigkeit blickt vom Himmel hernieder.
Auch spendet der Herr dann Segen,
und unser Land gibt seinen Ertrag.
Gerechtigkeit geht vor ihm her,
und Heil folgt der Spur seiner Schritte.

Ps 85,9–14

2

Seht: Ein König wird kommen,
der gerecht regiert.

Jes 32,1

Steig auf einen hohen Berg,
Zion, du Botin der Freude!
Erheb deine Stimme mit Macht,
Jerusalem, du Botin der Freude!
Erheb deine Stimme, fürchte dich nicht!
Sag den Städten in Juda:
Seht, da ist euer Gott.
Seht, Gott der Herr, kommt mit Macht,
er herrscht mit starkem Arm.
Seht, er bringt seinen Siegespreis mit:
Alle, die er gewonnen hat, gehen vor ihm her.
Wie ein Hirt führt er seine Herde zur Weide,
er sammelt sie mit starker Hand.
Die Lämmer trägt er auf dem Arm,
die Mutterschafe führt er behutsam.

Jes 40,9–11

Singt dem Herrn ein neues Lied,
verkündet seinen Ruhm bis ans Ende der Erde!
Es jauchze das Meer und alles, was er erfüllt,
die Inseln und ihre Bewohner.
Die Wüste und ihre Städte sollen sich freuen,
die Dörfer, die Kedar bewohnt.

Die Bewohner von Sela sollen singen vor Freude
und jubeln auf den Gipfeln der Berge.
Sie sollen die Herrlichkeit des Herrn verkünden,
seinen Ruhm auf den Inseln verbreiten.
Der Herr zieht in den Kampf wie ein Held,
er entfacht seine Leidenschaft wie ein Krieger.
Er erhebt den Schlachtruf und schreit,
er zeigt sich als Held gegenüber den Feinden.

Jes 42,11–13

Wach auf, wach auf, bekleide dich mit Macht,
Arm des Herrn!
Wach auf wie in den früheren Tagen,
wie bei den Generationen der Vorzeit!
Warst du es nicht, der die Rahab zerhieb
und den Drachen durchbohrte?
Warst du es nicht, der das Meer austrocknen ließ,
die Wasser der großen Flut,
der die Tiefen des Meeres zum Weg gemacht hat,
damit die Erlösten hindurchziehen konnten?
Die vom Herrn Befreiten kehren zurück
und kommen voll Jubel nach Zion.
Ewige Freude ruht auf ihren Häuptern.

Wonne und Freude stellen sich ein,
Kummer und Seufzen entfliehen.
Ich bin es, ja, ich, der euch tröstet.

Jes 51,9–12

Wie willkommen sind auf den Bergen
die Schritte des Freudenboten,
der Frieden ankündigt,
der eine frohe Botschaft bringt und Rettung verheißt,
der zu Zion sagt: Dein Gott ist König.
Horch, deine Wächter erheben die Stimme,
sie beginnen alle zu jubeln.
Denn sie sehen mit eigenen Augen,
wie der Herr nach Zion zurückkehrt.
Brecht in Jubel aus, jauchzt alle zusammen,
ihr Trümmer Jerusalems!
Denn der Herr tröstet sein Volk,
er erlöst Jerusalem.
Der Herr macht seinen heiligen Arm frei
vor den Augen aller Völker.
Alle Enden der Erde
sehen das Heil unseres Gottes.

Jes 52,7–10

3

»Selig, die Frieden stiften;
denn sie werden Söhne Gottes genannt werden.«

Mt 5,9

Siehe, dein König kommt zu dir.
Er ist friedfertig,
und er reitet auf einer Eselin
und auf einem Fohlen, dem Jungen eines Lasttiers.

Mt 21,5

Frieden hinterlasse ich euch,
meinen Frieden gebe ich euch;
nicht einen Frieden, wie die Welt ihn gibt,
gebe ich euch.
Euer Herz beunruhige sich nicht und verzage nicht.

Joh 14,27

Gnade sei mit euch und Friede von Gott, unserem Vater,
und dem Herrn Jesus Christus.

Röm 1,7

IX
Um Vergebung

Gott bietet dem Menschen den Bund seiner Freundschaft an. Der Mensch ist aber von Anbeginn sündig.
Die Annahme des Bundes bedeutet für ihn also die Notwendigkeit der Umkehr: von der Sünde weg zu Gott hin. Umkehr bedeutet die Richtung ändern: von nun an »Jahwe suchen« (Hos 10,12), sein Angesicht (Ps 24,6). Die neue Ausrichtung des Lebens bedeutet ihrerseits selbstverständlich die Absage an das Frühere und die Verpflichtung, Gottes Gebote zu halten.
Die Umkehr ist aber keinesfalls die Tat des Menschen und die Folge seiner Reue: Gott selbst geht dem Reumütigen entgegen und bereitet ihm ein Festmahl (Lk 15,11–32).
Im Psalter zählt die Kirche sechs Bußpsalmen, die wir zunächst beten wollen. Darauf folgen weitere Bußgebete aus anderen Psalmen.

Zur Besinnung

Zwei Männer gingen zum Tempel hinauf, um zu beten;
der eine war ein Pharisäer, der andere ein Zöllner.
Der Pharisäer stellte sich hin und sprach leise dieses Gebet:
Gott, ich danke dir, daß ich nicht wie die anderen
Menschen bin,
die Räuber, Betrüger, Ehebrecher
oder auch wie dieser Zöllner dort.
Ich faste zweimal in der Woche
und gebe dem Tempel den zehnten Teil meines ganzen
Einkommens.
Der Zöllner aber blieb ganz hinten stehen
und wagte nicht einmal, seine Augen zum Himmel zu erheben,
sondern schlug sich an die Brust und betete:
Gott, sei mir Sünder gnädig!
Ich sage euch:
Dieser kehrte als Gerechter nach Hause zurück,
der andere nicht.

Lk 18,10–14

1

Ich schreie in der Qual meines Herzens.

Ps 38,9

Ein Bußgebet in Todesnot

Herr, strafe mich nicht in deinem Zorn,
und züchtige mich nicht in deinem Grimm!
Sei mir gnädig, Herr, ich sieche dahin;
heile mich, Herr, denn meine Glieder zerfallen!
Meine Seele ist tief verstört.
Du aber, Herr, wie lange säumst du noch?
Herr, wende dich mir zu und errette mich,
in deiner Huld bring mir Hilfe!
Denn bei den Toten denkt niemand mehr an dich.
Wer wird dich in der Unterwelt noch preisen?
Ich bin erschöpft vom Seufzen,
jede Nacht benetzen Ströme von Tränen mein Bett,
ich überschwemme mein Lager mit Tränen.
Mein Auge ist getrübt vor Kummer,
ich bin gealtert wegen all meiner Gegner.
Weicht zurück von mir, all ihr Frevler;
denn der Herr hat mein lautes Weinen gehört.
Gehört hat der Herr mein Flehen,
der Herr nimmt mein Beten an.
In Schmach und Verstörung geraten all meine Feinde,
sie müssen weichen und gehen plötzlich zugrunde.

Ps 6

Freude über die Vergebung

Wohl dem, dessen Frevel vergeben
und dessen Sünde bedeckt ist.
Wohl dem Menschen, dem der Herr die Schuld nicht zur Last legt
und dessen Herz keine Falschheit kennt.
Solang' ich es verschwieg, waren meine Glieder matt,
den ganzen Tag mußte ich stöhnen.
Denn deine Hand lag schwer auf mir bei Tag und bei Nacht;
meine Lebenskraft war verdorrt
wie durch die Glut des Sommers.
Da bekannte ich dir meine Sünde
und verbarg nicht länger meine Schuld vor dir.
Ich sagte: Ich will dem Herrn meine Frevel bekennen.
Und du hast mir die Schuld vergeben.
Darum soll jeder Fromme in der Not zu dir beten;
fluten hohe Wasser heran,
ihn werden sie nicht erreichen.
Du bist mein Schutz, bewahrst mich vor Not;
du rettest mich und hüllst mich in Jubel.

Ps 32,1-7

Klage eines kranken Sünders

Herr, strafe mich nicht in deinem Zorn,
und züchtige mich nicht in deinem Grimm!
Denn deine Pfeile haben mich getroffen,
deine Hand lastet schwer auf mir.
Nichts blieb gesund an meinem Leib, weil du mir grollst,
weil ich gesündigt, blieb an meinen Gliedern nichts heil.
Denn meine Sünden schlagen mir über dem Kopf zusammen,
sie erdrücken mich wie eine schwere Last.
Mir schwären, mir eitern die Wunden wegen meiner Torheit.
Ich bin gekrümmt und tief gebeugt,
den ganzen Tag geh' ich traurig einher.
Denn meine Lenden sind voller Brand,
nichts blieb gesund an meinem Leib.
Kraftlos bin ich und ganz zerschlagen,
ich schrei in der Qual meines Herzens.
All mein Sehnen, Herr, liegt offen vor dir,
mein Seufzen ist dir nicht verborgen.
Mein Herz pocht heftig, mich hat die Kraft verlassen,
geschwunden ist mir das Licht der Augen.

Freunde und Gefährten bleiben mir fern in meinem
Unglück,
und meine Nächsten meiden mich . . .
Ich bin wie ein Tauber, der nicht mehr hört,
wie ein Stummer, der den Mund nicht auftut.
Ich bin wie einer, der nicht mehr hören kann,
aus dessen Mund keine Entgegnung kommt.
Doch auf dich, Herr, harre ich;
du wirst mich erhören, Herr, mein Gott . . .
Ich bin dem Fallen nahe,
mein Leid steht mir immer vor Augen.
Ja, ich bekenne meine Schuld,
ich bin wegen meiner Sünde in Angst.
Herr, verlaß mich nicht, bleib mir nicht fern, mein Gott!
Eile mir zu Hilfe, Herr, du mein Heil!

Ps 38

Bitte um Vergebung und Neuschaffung

Gott, sei mir gnädig nach deiner Huld,
tilge meine Frevel nach deinem reichen Erbarmen!
Wasch meine Schuld von mir ab,
und mach mich rein von meiner Sünde!

Denn ich erkenne meine bösen Taten,
meine Sünde steht mir immer vor Augen.
Gegen dich allein habe ich gesündigt,
ich habe getan, was dir mißfällt.
So behältst du recht mit deinem Urteil,
rein stehst du da als Richter.
Denn ich bin in Schuld geboren;
in Sünde hat mich meine Mutter empfangen.
Lauterer Sinn im Verborgenen gefällt dir,
im Geheimen lehrst du mich Weisheit.
Entsündige mich mit Ysop, dann werde ich rein;
wasche mich, dann werde ich weißer als Schnee.
Sättige mich mit Entzücken und Freude!
Jubeln sollen die Glieder, die du zerschlagen hast.
Verbirg dein Gesicht vor meinen Sünden,
tilge all meine Frevel!
Erschaffe mir, Gott, ein reines Herz,
und gib mir einen neuen, beständigen Geist!
Dann lehre ich Abtrünnige deine Wege,
und die Sünder kehren um zu dir.

Ps 51,3–12.15

Das Gebet eines Unglücklichen

Herr, erhöre mein Gebet!
Mein Schreien dringe zu dir.
Verbirg dein Antlitz nicht vor mir!
Wenn ich in Not bin, wende dein Ohr mir zu!
Wenn ich dich anrufe, erhöre mich bald!
Meine Tage sind wie Rauch geschwunden,
meine Glieder wie von Feuer verbrannt.
Versengt wie Gras und verdorrt ist mein Herz,
so daß ich vergessen habe, mein Brot zu essen.
Vor lauter Stöhnen und Schreien
bin ich nur noch Haut und Knochen.
Ich bin wie eine Dohle in der Wüste,
wie eine Eule in öden Ruinen.
Ich liege wach, und ich klage,
wie ein einsamer Vogel auf dem Dach.
Den ganzen Tag schmähen mich die Feinde;
die mich verhöhnen,
nennen meinen Namen beim Fluchen.
Staub muß ich essen wie Brot,
mit Tränen mische ich meinen Trank;
denn auf mir lasten dein Zorn und dein Grimm.
Du hast mich hochgerissen und zu Boden geschleudert.

Meine Tage schwinden dahin wie Schatten,
ich verdorre wie Gras.
Er hat meine Kraft auf dem Weg gebrochen,
er hat meine Tage verkürzt.
Darum sage ich: Raff mich nicht weg
in der Mitte des Lebens,
mein Gott, dessen Jahre
Geschlecht um Geschlecht überdauern!
Vorzeiten hast du der Erde Grund gelegt,
die Himmel sind das Werk deiner Hände.
Sie werden vergehen, du aber bleibst;
sie alle zerfallen wie ein Gewand;
du wechselst sie wie ein Kleid,
und sie schwinden dahin.
Du aber bleibst, der du bist,
und deine Jahre enden nie.

Ps 102,2–12.24–28

Bitte in tiefer Not

Aus der Tiefe rufe ich, Herr, zu dir:
Herr, höre meine Stimme!
Wende dein Ohr mir zu,
achte auf mein lautes Flehen!
Würdest du, Herr, unsere Sünde beachten,
Herr, wer könnte bestehen?
Doch bei dir ist Vergebung,
damit man in Ehrfurcht dir dient.
Ich hoffe auf den Herrn, es hofft meine Seele,
ich warte voll Vertrauen auf sein Wort.
Meine Seele wartet auf den Herrn
mehr als die Wächter auf den Morgen.
Mehr als die Wächter auf den Morgen
soll Israel harren auf den Herrn.
Denn beim Herrn ist die Huld,
bei ihm ist Erlösung in Fülle.
Ja, er wird Israel erlösen
von all seinen Sünden.

Ps 130

2

Um deines Namens willen, Herr, verzeih mir;
denn meine Schuld ist groß.

Ps 25,11

Zu dir, Herr, erhebe ich meine Seele.
Mein Gott, auf dich vertraue ich . . .
Zeige mir, Herr, deine Wege,
lehre mich deine Pfade!
Führe mich in deiner Treue und lehre mich;
denn du bist der Gott meines Heiles.
Auf dich hoffe ich allezeit.
Denk an dein Erbarmen, Herr,
und an die Taten deiner Huld;
denn sie bestehen seit Ewigkeit.
Denk nicht an meine Jugendsünden und meine Frevel!
In deiner Huld denk an mich, Herr, denn du bist gütig.
Gut und gerecht ist der Herr,
darum weist er die Irrenden auf den rechten Weg.
Die Demütigen leitet er nach seinem Recht,
die Gebeugten lehrt er seinen Weg.
Alle Pfade des Herrn sind Huld und Treue
denen, die seinen Bund und seine Gebote bewahren.
Um deines Namens willen, Herr, verzeih mir;
denn meine Schuld ist groß . . .

Ps 25,2.4–11

Dir gebührt Lobgesang, Gott, auf dem Zion,
dir erfüllt man Gelübde.
Du erhörst die Gebete.
Alle Menschen kommen zu dir
unter der Last ihrer Sünden.
Unsere Schuld ist zu groß für uns,
du wirst sie vergeben.

Ps 65,2–4

Hilf mir, o Gott!
Schon reicht mir das Wasser bis an die Kehle.
Ich bin in tiefem Schlamm versunken
und habe keinen Halt mehr;
ich geriet in tiefes Wasser,
die Strömung reißt mich fort.
Ich bin müde vom Rufen,
meine Kehle ist heiser,
mir versagen die Augen,
während ich warte auf meinen Gott . . .
Gott, du kennst meine Torheit,
meine Verfehlungen sind dir nicht verborgen.
Wer auf dich hofft, Herr, du Herr der Heere,
soll durch mich nicht scheitern;

wer dich sucht, Gott Israels,
gerate durch mich nicht in Schande.
Denn deinetwegen erleide ich Schmach,
und Schande bedeckt mein Gesicht . . .
Ich aber bete zu dir,
Herr, zur Zeit der Gnade.
Erhöre mich in deiner großen Huld,
Gott, hilf mir in deiner Treue!
Entreiß mich dem Sumpf,
damit ich nicht versinke.
Zieh mich heraus aus dem Verderben,
aus dem tiefen Wasser!
Laß nicht zu, daß die Flut mich überschwemmt,
die Tiefe mich verschlingt,
der Brunnenschacht über mir seinen Rachen
schließt.
Erhöre mich, Herr, in deiner Huld und Güte,
wende dich mir zu in deinem großen Erbarmen!
Verbirg nicht dein Gesicht vor deinem Knecht;
denn mir ist angst. Erhöre mich bald!
Sei mir nah, und erlöse mich!
Befrei mich meinen Feinden zum Trotz!

Ps 69,2–8.14–19

Lobe den Herrn, meine Seele,
und alles in mir seinen heiligen Namen!
Lobe den Herrn, meine Seele,
und vergiß nicht, was er dir Gutes getan hat:
der dir all deine Schuld vergibt
und all deine Gebrechen heilt,
der dein Leben vor dem Untergang rettet
und dich mit Huld und Erbarmen krönt,
der dich dein Leben lang mit seinen Gaben sättigt;
wie dem Adler wird dir die Jugend erneuert . . .
Der Herr ist barmherzig und gnädig,
langmütig und reich an Güte.
Er wird nicht immer zürnen,
nicht ewig im Groll verharren.
Er handelt an uns nicht nach unsern Sünden
und vergilt uns nicht nach unsrer Schuld.
Denn so hoch der Himmel über der Erde ist,
so hoch ist seine Huld über denen, die ihn fürchten.
So weit der Aufgang entfernt ist vom Untergang,
so weit entfernt er die Schuld von uns.
Wie ein Vater sich seiner Kinder erbarmt,
so erbarmt sich der Herr über alle, die ihn fürchten.
Denn er weiß, was wir für Gebilde sind;
er denkt daran: Wir sind nur Staub.

Des Menschen Tage sind wie Gras,
er blüht wie die Blume des Feldes.
Fährt der Wind darüber, ist sie dahin;
der Ort, wo sie stand, weiß von ihr nichts mehr.
Doch die Huld des Herrn währt immer und ewig
für alle, die ihn fürchten und ehren;
sein Heil erfahren noch Kinder und Enkel;
alle, die seinen Bund bewahren,
an seine Gebote denken und danach handeln.
Der Herr hat seinen Thron errichtet im Himmel,
seine königliche Macht beherrscht das All.
Lobt den Herrn, ihr seine Engel,
ihr starken Helden, die seine Befehle vollstrecken,
seinen Worten gehorsam!
Lobt den Herrn, all seine Scharen,
seine Diener, die seinen Willen vollziehen!
Lobt den Herrn, all seine Werke,
an jedem Ort seiner Herrschaft!
Lobe den Herrn, meine Seele!

Ps 103

X
In Krankheit und Not

In Krankheit und Not zu beten, das scheint einfach und das Selbstverständlichste zu sein. Wer aber einmal ernsthaft krank gewesen ist, weiß wahrscheinlich, daß er damals kaum in der Lage war zu beten. Erst, wenn er wieder gesund geworden ist, nimmt er die Texte zur Hand und findet in ihnen beschrieben, was er empfand. Könnte es nicht sein, daß auch andere Menschen zu den Texten greifen, um entweder für kranke Angehörige und Freunde zu beten oder für sich selbst, wenn sie selbst krank sind?

Krankheit ist in der Bibel nicht allein Zeichen physischer Not. Sie, wie jede andere materielle Not, war oft als Strafe Gottes angesehen: Der Mensch befand sich im Zustand der Ungnade. Jesus widersprach dieser Auffassung, aber er verstand Krankheit und Not als Symbole geistiger, seelischer Not. Die Menschen, die Jesus um Heilung baten, erfuhren nicht nur sein heilendes Mitleid, sie hörten immer wieder seinen Hinweis: Dein Glaube hat dich gerettet.

Zur Besinnung

Die Menschen eilten durch die ganze Gegend
und brachten die Kranken auf Tragbahren zu ihm,
sobald sie hörten, wo er war.
Und immer, wenn er in ein Dorf oder eine Stadt
oder zu einem Gehöft kam,
trug man die Kranken auf die Straße hinaus und bat ihn,
er möge sie wenigstens den Saum seines Gewandes
berühren lassen.
Und alle, die ihn berührten, wurden geheilt.

Mk 6,55–56

1

Vor Gram zerfallen mir Auge,
Seele und Leib.

Ps 31,10

Mein Gott, mein Gott, warum hast du mich verlassen,
bist fern meinem Schreien, den Worten meiner Klage?
Mein Gott, ich rufe bei Tag, doch du gibst keine
Antwort;
ich rufe bei Nacht und finde doch keine Ruhe.
Aber du bist heilig,
du thronst über dem Lobpreis Israels.
Dir haben unsere Väter vertraut,
sie haben vertraut, und du hast sie gerettet.
Zu dir riefen sie und wurden befreit,
dir vertrauten sie und wurden nicht zuschanden.
Ich aber bin ein Wurm und kein Mensch,
der Leute Spott, vom Volk verachtet.
Alle, die mich sehen, verlachen mich,
verziehen die Lippen, schütteln den Kopf:
»Er wälze die Last auf den Herrn,
der soll ihn befreien!
Der reiße ihn heraus,
wenn er an ihm Gefallen hat.«
Du bist es, der mich aus dem Schoß meiner Mutter zog,
mich barg an der Brust der Mutter.
Von Geburt an bin ich geworfen auf dich,
vom Mutterleib an bist du mein Gott.
Sei mir nicht fern, denn die Not ist nahe,
und niemand ist da, der hilft.

Viele Stiere umgeben mich,
Büffel von Baschan umringen mich.
Sie sperren gegen mich ihren Rachen auf,
reißende, brüllende Löwen.
Ich bin hingeschüttet wie Wasser,
gelöst haben sich all meine Glieder.
Mein Herz ist in meinem Leib wie Wachs zerflossen.
Meine Kehle ist trocken wie eine Scherbe,
die Zunge klebt mir am Gaumen,
du legst mich in den Staub des Todes.
Viele Hunde umlagern mich,
eine Rotte von Bösen umkreist mich.
Sie durchbohren mir Hände und Füße.
Man kann alle meine Knochen zählen;
sie gaffen und weiden sich an mir.
Sie verteilen unter sich meine Kleider
und werfen das Los um mein Gewand.
Du aber, Herr, halte dich nicht fern!
Du, meine Stärke, eil mir zu Hilfe!
Entreiße mein Leben dem Schwert,
mein einziges Gut aus der Gewalt der Hunde!
Rette mich vor dem Rachen des Löwen,
vor den Hörnern der Büffel rette mich Armen!

Ps 22,2–22

Wie lange noch, Herr, vergißt du mich ganz?
Wie lange noch verbirgst du dein Gesicht vor mir?
Wie lange noch muß ich Schmerzen ertragen in
meiner Seele,
in meinem Herzen Kummer Tag für Tag?
Wie lange noch darf mein Feind über mich
triumphieren?
Blick doch her, erhöre mich, Herr, mein Gott,
erleuchte meine Augen,
damit ich nicht entschlafe und sterbe,
damit mein Feind nicht sagen kann:
»Ich habe ihn überwältigt«,
damit meine Gegner nicht jubeln,
weil ich ihnen erlegen bin.
Ich aber baue auf deine Huld,
mein Herz soll über deine Hilfe frohlocken.
Singen will ich dem Herrn,
weil er mir Gutes getan hat.

Ps 13

Herr, sei mir gnädig, denn mir ist angst,
vor Gram zerfallen mir Auge, Seele und Leib.
In Kummer schwindet mein Leben dahin,
meine Jahre verrinnen in Seufzen.
Meine Kraft ist ermattet im Elend,
meine Glieder sind zerfallen.
Zum Spott geworden bin ich all meinen Feinden,
ein Hohn den Nachbarn, ein Schrecken den Freunden;
wer mich auf der Straße sieht, der flieht vor mir.
Ich bin dem Gedächtnis entschwunden wie ein Toter,
bin geworden wie ein zerbrochenes Gefäß.
Ich höre das Zischeln der Menge – Grauen ringsum.
Sie tun sich gegen mich zusammen;
sie sinnen darauf, mir das Leben zu rauben.
Ich aber, Herr, ich vertraue dir,
ich sage: »Du bist mein Gott.«
In deiner Hand liegt mein Geschick.
Laß dein Angesicht leuchten über deinem Knecht,
hilf mir in deiner Güte!

Ps 31,10–17

Wohl dem, der sich des Schwachen annimmt;
zur Zeit des Unheils wird der Herr ihn retten.
Auf dem Krankenbett wird der Herr ihn stärken;
seine Krankheit verwandelst du in Kraft.
Ich sagte: Herr, sei mir gnädig,
heile mich; denn ich habe gegen dich gesündigt.

Ps 41,2–5

Herr, du Gott meines Heils,
zu dir schreie ich am Tag und bei Nacht.
Laß mein Gebet zu dir dringen,
wende dein Ohr meinem Flehen zu!
Denn meine Seele ist gesättigt mit Leid,
mein Leben ist dem Totenreich nahe.
Schon zähle ich zu denen, die hinabsinken ins Grab,
bin wie ein Mann, dem alle Kraft genommen ist.
Ich bin zu den Toten hinweggerafft,
wie Erschlagene, die im Grabe ruhen,
an sie denkst du nicht mehr,
denn sie sind deiner Hand entzogen.
Du hast mich ins tiefste Grab gebracht,
tief hinab in finstere Nacht.
Schwer lastet dein Grimm auf mir,
all deine Wogen stürzen über mir zusammen.

Die Freunde hast du mir entfremdet,
mich ihrem Abscheu ausgesetzt;
ich bin gefangen und kann nicht heraus.
Mein Auge wird trübe vor Elend.
Jeden Tag, Herr, rufe ich zu dir;
ich strecke nach dir meine Hände aus.
Wirst du an den Toten Wunder tun,
werden Schatten aufstehn, um dich zu preisen?
Erzählt man im Grab von deiner Huld,
von deiner Treue im Totenreich?
Werden deine Wunder in der Finsternis bekannt,
deine Gerechtigkeit im Land des Vergessens?
Herr, darum schreie ich zu dir,
früh am Morgen tritt mein Gebet vor dich hin.
Warum, o Herr, verwirfst du mich,
warum verbirgst du dein Gesicht vor mir?
Gebeugt bin ich und todkrank von früher Jugend an,
deine Schrecken lasten auf mir, und ich bin zerquält.
Über mich fuhr die Glut deines Zorns dahin,
deine Schrecken vernichten mich.
Sie umfluten mich allzeit wie Wasser
und dringen auf mich ein von allen Seiten.
Du hast mir die Freunde und Gefährten entfremdet;
mein Vertrauter ist nur noch die Finsternis.

Ps 88

Mit lauter Stimme schreie ich zum Herrn,
laut flehe ich zum Herrn um Gnade.
Ich schütte vor ihm meine Klagen aus,
eröffne ihm meine Not.
Wenn auch mein Geist in mir verzagt,
du kennst meinen Pfad.
Ich blicke nach rechts und schaue aus,
doch niemand ist da, der mich beachtet.
Mir ist jede Zuflucht genommen,
niemand fragt nach meinem Leben.
Herr, ich schreie zu dir,
ich sage: Meine Zuflucht bist du,
mein Anteil im Land der Lebenden.
Vernimm doch mein Flehen;
denn ich bin arm und elend.

Ps 142

Ich denke an die vergangenen Tage,
sinne nach über all deine Taten,
erwäge das Werk deiner Hände.
Ich breite die Hände aus und bete zu dir;
meine Seele dürstet nach dir wie lechzendes Land.
Herr, erhöre mich bald,
denn mein Geist wird müde;
verbirg dein Antlitz nicht vor mir,
damit ich nicht werde wie Menschen,
die längst begraben sind.
Laß mich deine Huld erfahren am frühen Morgen;
denn ich vertraue auf dich.
Zeig mir den Weg, den ich gehen soll;
denn ich erhebe meine Seele zu dir.
Lehre mich, deinen Willen zu tun;
denn du bist mein Gott.
Dein guter Geist leite mich auf ebenem Pfad.
Um deines Namens willen, Herr, erhalt mich am Leben,
führe mich heraus aus der Not
in deiner Gerechtigkeit!
Denn ich bin dein Knecht.

Ps 143,5–12

2

Geh! Dein Glaube hat dir geholfen.

Mk 10,52

Wenn du willst, kannst du machen, daß ich rein werde.

Mk 1,40

Meine Tochter liegt im Sterben.
Komm und leg ihr die Hände auf,
damit sie wieder gesund wird
und am Leben bleibt.

Mk 5,23

Meister, ich habe meinen Sohn zu dir gebracht.
Er ist von einem stummen Geist besessen;
immer wenn der Geist ihn überfällt,
wirft er ihn zu Boden,
und meinem Sohn tritt Schaum vor den Mund,
er knirscht mit den Zähnen und wird starr.
Doch wenn du kannst, hilf uns;
hab Mitleid mit uns!

Mk 9,17–18.22

Sohn Davids, Jesus, hab Erbarmen mit mir!
Sohn Davids, hab Erbarmen mit mir!
Rabbuni, ich möchte wieder sehen können.

Mk 10,47.51

Hab Erbarmen mit mir, Herr, du Sohn Davids!
Meine Tochter wird von einem Dämon gequält.
Herr, hilf mir!

Mt 15,22.25

Herr, ich bin es nicht wert,
daß du mein Haus betrittst;
sprich nur ein Wort,
dann wird mein Diener gesund.

Mt 8,8

3

Ich werde nicht sterben, sondern leben,
um die Taten des Herrn zu verkünden.

Ps 118,17

Frohlocken und Jubel erschallt in den Zelten der
Gerechten:
»Die Rechte des Herrn wirkt mit Macht!
Die Rechte des Herrn ist erhoben,
die Rechte des Herrn wirkt mit Macht!«
Ich werde nicht sterben, sondern leben,
um die Taten des Herrn zu verkünden.
Der Herr hat mich hart gezüchtigt,
doch er hat mich nicht dem Tod übergeben.
Öffnet mir die Tore zur Gerechtigkeit,
damit ich eintrete, um dem Herrn zu danken.
Das ist das Tor zum Herrn,
nur Gerechte treten hier ein.
Ich danke dir, daß du mich erhört hast;
du bist für mich zum Retter geworden.
Der Stein, den die Bauleute verwarfen,
er ist zum Eckstein geworden.
Das hat der Herr vollbracht,
vor unseren Augen geschah dieses Wunder.
Das ist der Tag, den der Herr gemacht hat;
wir wollen jubeln und uns an ihm freuen.

Ps 118,15–24

Das Gebet des Jona

In meiner Not rief ich zum Herrn,
und er erhörte mich.
Aus der Tiefe der Unterwelt schrie ich um Hilfe,
und du hörtest mein Rufen.
Du hast mich in die Tiefe geworfen,
in das Herz der Meere;
mich umschlossen die Fluten,
all deine Wellen und Wogen
schlugen über mir zusammen.
Ich dachte: Ich bin aus deiner Nähe verstoßen.
Wie kann ich deinen heiligen Tempel wieder erblicken?
Das Wasser reichte mir bis an die Kehle,
die Urflut umschloß mich;
Schilfgras umschlang meinen Kopf.
Bis zu den Wurzeln der Berge,
tief in die Erde kam ich hinab;
ihre Riegel schlossen mich ein für immer.
Doch du holtest mich lebendig aus dem Grab herauf,
Herr, mein Gott.

Als mir der Atem schwand, dachte ich an den Herrn,
und mein Gebet drang zu dir,
zu deinem heiligen Tempel.
Wer nichtige Götzen verehrt,
der handelt treulos.
Ich aber will dir opfern
und laut dein Lob verkünden.
Was ich gelobt habe, will ich erfüllen.
Vom Herrn kommt die Rettung.

Jona 2,3–10

XI
Von Gott überfordert

In diesem Abschnitt stoßen wir auf Gebete und Klagen der Propheten Jeremia und Habakuk. Sie zeigen uns einen Menschen, der unter der Last seiner Berufung fast zusammenbricht und sich doch immer wieder aufrafft, seinen Dienst zu erfüllen. Diese »Bekenntnisse« der großen Propheten gehören zur Weltliteratur, und es wird nicht leicht sein, sie nachzusprechen. Auf jeden Fall aber können die Texte uns helfen, unseren eigenen Kummer, unsere Unzulänglichkeiten und Mißerfolge vor Gott laut werden zu lassen.

Zur Besinnung

Ach, töricht ist mein Volk;
mich kennen sie nicht.
Sie sind unverständige Kinder,
ja, sie sind ohne Einsicht.
Sie wissen, wie man Böses tut,
aber Gutes zu tun verstehen sie nicht.
Ich schaute die Erde an: Sie war wüst und wirr.
Ich schaute zum Himmel: Er war ohne sein Licht.
Ich schaute die Berge an: Sie wankten,
und alle Hügel bebten.
Ich schaute hin: Kein Mensch war da,
auch alle Vögel des Himmels waren verschwunden.
Ich schaute hin: Das Gartenland war Wüste,
und all seine Städte waren zerstört,
zerstört durch den Herrn,
durch seinen glühenden Zorn.

Jer 4,22–26

1

Mein Herz tobt in mir;
ich kann nicht schweigen.

Jer 4,19

Weh mir ob meines Zusammenbruchs!
Unheilbar ist meine Wunde.
Ich aber hatte gedacht:
Das ist doch nur eine Krankheit,
die ich ertragen kann.
Nun ist mein Zelt verwüstet,
alle meine Zeltstricke sind zerrissen.
Meine Kinder gingen von mir fort und sind nicht mehr.
Niemand schlägt mein Zelt wieder auf
und breitet darüber die Zeltdecken aus.
Ich weiß, Herr, daß der Mensch seinen Weg nicht zu bestimmen vermag,
daß keiner beim Gehen seinen Schritt lenken kann.
Herr, züchtige mich, doch mit rechtem Maß,
nicht in deinem Zorn,
sonst machst du mich allzu elend.

Jer 10,19–20.23–24

Wie lange, Herr, soll ich noch rufen,
und du hörst nicht?
Ich schreie zu dir: Hilfe, Gewalt!
Aber du hilfst nicht.
Warum läßt du mich die Macht des Bösen erleben
und siehst der Unterdrückung zu?

Wohin ich blicke, sehe ich Gewalt und Mißhandlung,
erhebt sich Zwietracht und Streit.
Darum ist das Gesetz ohne Kraft,
und das Recht setzt sich gar nicht mehr durch.
Die Bösen umstellen den Gerechten,
und so wird das Recht verdreht.

Hab 1,2-4

Herr, bist nicht du von Ewigkeit her mein heiliger Gott?
Wir wollen nicht sterben.
Herr, du hast sie doch nur dazu gerufen,
an uns das Gericht zu vollziehen:
Du, unser Fels, du hast sie dazu bestimmt,
uns zu bestrafen.
Deine Augen sind zu rein, um Böses mit anzusehen,
du kannst der Unterdrückung nicht zusehen.
Warum siehst du also den Treulosen zu und schweigst,
wenn der Ruchlose den Gerechten verschlingt?
Warum behandelst du die Menschen
wie die Fische im Meer,
wie das Gewürm, das keinen Herrn hat?
Mit der Angel holt er sie alle herauf,
er schleppt sie weg in seinem Netz

und rafft sie fort in seinem Fischgarn;
er freut sich darüber und jubelt.
Deshalb opfert er seinem Netz
und bringt seinem Fischgarn Rauchopfer dar;
denn durch sie hat er reichen Gewinn
und ein üppiges Mahl.
Darum zückt er unablässig sein Schwert,
um ohne Erbarmen die Völker zu morden.

Hab 1,12–17

Du bleibst im Recht, Herr,
wenn ich mit dir streite;
dennoch muß ich mit dir rechten.
Warum haben die Frevler Erfolg,
weshalb können alle Abtrünnigen sorglos sein?
Du hast sie eingepflanzt, und sie schlagen Wurzel,
sie wachsen heran und bringen auch Frucht.
Nur ihrem Mund bist du nah,
ihrem Herzen aber fern.
Du jedoch, Herr, kennst und durchschaust mich;
du hast mein Herz erprobt
und weißt, daß es an dir hängt.

Jer 12,1–3

Weh mir, Mutter, daß du mich geboren hast,
einen Mann, der mit aller Welt in Zank und Streit liegt.
Ich bin niemands Gläubiger und niemands Schuldner,
und doch fluchen mir alle.
Fürwahr, Herr, ich habe dir mit gutem Willen gedient,
ich bin für den Feind bei dir eingetreten
zur Zeit des Unheils und der Bedrängnis.
Du weißt es, Herr; denk an mich,
und nimm dich meiner an!
Nimm für mich Rache an meinen Verfolgern!
Raff mich nicht hinweg,
sondern schieb deinen Zorn hinaus!
Bedenke, daß ich deinetwillen Schmach erleide.
Kamen Worte von dir,
so verschlang ich sie;
dein Wort war mir Glück und Herzensfreude;
denn dein Name ist über mir ausgerufen,
Herr, Gott der Heere.

Ich sitze nicht heiter im Kreis der Fröhlichen;
von deiner Hand gepackt, sitze ich einsam;
denn du hast mich mit Groll angefüllt.
Warum dauert mein Leiden ewig
und ist meine Wunde so bösartig,
daß sie nicht heilen will?
Wie ein versiegender Bach
bist du mir geworden,
ein unzuverlässiges Wasser.
Wenn du umkehrst, lasse ich dich umkehren,
dann darfst du wieder vor mir stehen . . .
Dann mache ich dich für dieses Volk zur festen,
ehernen Mauer.
Mögen sie dich bekämpfen,
sie werden dich nicht bezwingen;
denn ich bin mit dir,
um dir zu helfen und dich zu retten
– Spruch des Herrn.
Ja, ich rette dich aus der Hand der Bösen,
ich befreie dich aus der Faust der Tyrannen.

Jer 15,10–11.15–21

Verflucht der Tag, an dem ich geboren wurde;
der Tag, an dem meine Mutter mich gebar,
sei nicht gesegnet.
Verflucht der Mann,
der meinem Vater die frohe Kunde brachte:
Ein Kind, ein Knabe ist dir geboren!,
und ihn damit hoch erfreute.
Jener Tag gleiche den Städten,
die der Herr ohne Erbarmen zerstört hat.
Er höre Wehgeschrei am Morgen
und Kriegslärm um die Mittagszeit,
weil er mich nicht sterben ließ im Mutterleib.
So wäre meine Mutter mir zum Grab geworden,
ihr Schoß auf ewig schwanger geblieben.
Warum denn kam ich hervor aus dem Mutterschoß,
um nur Mühsal und Kummer zu erleben
und meine Tage in Schande zu beenden?

Jer 20,14–18

2

Heile mich, Herr, so bin ich heil,
hilf mir, so ist mir geholfen.

Jer 17,14

Du Hoffnung Israels, Herr!
Alle, die dich verlassen, werden zuschanden,
die sich von dir abwenden,
werden in den Staub geschrieben;
denn sie haben den Herrn verlassen,
den Quell lebendigen Wassers.
Heile mich, Herr, so bin ich heil,
hilf mir, so ist mir geholfen;
ja, mein Lobpreis bist du.
Jene sagen zu mir:
Wo bleibt denn das Wort des Herrn?
Soll es doch eintreffen!
Ich aber habe dich nie gedrängt wegen des Unheils
und habe den Unglückstag nicht herbeigewünscht.
Du weißt es selbst;
was mir über die Lippen kam, liegt dir vor Augen.
Werde nicht zum Schrecken für mich,
du meine Zuflucht am Tag des Unheils!
Meine Verfolger sollen zuschanden werden,
nicht aber ich.
Sie sollen erschrecken, nicht aber ich.
Bring über sie den Tag des Unheils,
zerbrich sie im verdienten Zusammenbruch.

Jer 17,13–18

Du hast mich betört, o Herr,
und ich ließ mich betören;
du hast mich gepackt und überwältigt.
Zum Gespött bin ich geworden den ganzen Tag,
ein jeder verhöhnt mich.
Ja, sooft ich rede, muß ich schreien,
»Gewalt und Unterdrückung!« muß ich rufen.
Denn das Wort des Herrn bringt mir
den ganzen Tag nur Spott und Hohn.
Sagte ich aber: Ich will nicht mehr an ihn denken
und nicht mehr in seinem Namen sprechen!,
so war es mir, als brenne in meinem Herzen ein
Feuer,
eingeschlossen in meinem Innern.
Ich quälte mich, es auszuhalten,
und konnte nicht;
hörte ich doch das Flüstern der Vielen:
Grauen ringsum! Zeigt ihn an!
Wir wollen ihn anzeigen.
Meine nächsten Bekannten
warten alle darauf, daß ich stürze:
Vielleicht läßt er sich betören,
daß wir ihm beikommen können
und uns an ihm rächen.

Doch der Herr steht mir bei wie ein gewaltiger Held.
Darum straucheln meine Verfolger und kommen
nicht auf.
Sie werden schmählich zuschanden,
da sie nichts erreichen,
in ewiger, unvergeßlicher Schmach ...
Ich werde deine Rache an ihnen erleben;
denn dir habe ich meine Sache anvertraut.
Singt dem Herrn, rühmt den Herrn;
denn er rettet das Leben des Armen
aus der Hand der Übeltäter.

Jer 20,7–13

XII
Aus tiefer Verzweiflung

Die folgenden Texte sind ausschließlich dem Buch Ijob entnommen. Sie zeigen, wie weit sich der Mensch von Gott entfernen kann und doch nicht von ihm loskommt. Oft wird das Gebet zur Anklage und Widerrede gegen Gott, Qual und Verzweiflung lassen die Worte stocken.
Mit diesen Texten verhält es sich ähnlich wie mit den Klagen aus dem Jeremiabuch im voraufgegangenen Kapitel. Auch sie werden der Weltliteratur zugerechnet und sind vom heutigen Beter meist nur indirekt aufzunehmen. Gleichwohl wird er von den Gebeten tief betroffen sein.

Zur Besinnung

Im Lande Uz lebte ein Mann mit Namen Ijob. Dieser Mann war untadelig und rechtschaffen; er fürchtete Gott und mied das Böse. Sieben Söhne und drei Töchter wurden ihm geboren. Er besaß siebentausend Stück Kleinvieh, dreitausend Kamele, fünfhundert Joch Rinder und fünfhundert Esel, dazu zahlreiches Gesinde. An Ansehen übertraf dieser Mann alle Bewohner des Ostens.
Nun geschah es eines Tages, da kamen die Gottessöhne, um vor den Herrn hinzutreten; unter ihnen kam auch der Satan. Der Herr sprach zum Satan: Woher kommst du? Der Satan antwortete dem Herrn und sprach: Die Erde habe ich durchstreift, hin und her. Der Herr sprach zum Satan: Hast du auf meinen Knecht Ijob geachtet? Seinesgleichen gibt es nicht auf der Erde, so untadelig und rechtschaffen, er fürchtet Gott und meidet das Böse. Der Satan antwortete dem Herrn und sagte: Geschieht es ohne Grund, daß Ijob Gott fürchtet? Bist du es nicht, der ihn, sein Haus und all das Seine ringsum beschützt? Das Tun seiner Hände hast du gesegnet; sein Besitz hat sich weit ausgebreitet im Land. Aber streck nur deine Hand gegen ihn aus, und rühr an all das, was sein ist; wahrhaftig, er wird dir ins Angesicht fluchen.
Der Herr sprach zum Satan: Gut, all sein Besitz ist in deiner Hand, nur gegen ihn selbst streck deine Hand nicht aus! Darauf ging der Satan weg vom Angesicht des Herrn.

Ijob 1,1–3.6–12

1

Gott gibt mich dem Bösen preis,
in die Hand der Frevler stößt er mich.

Ijob 16,11

Die Pfeile des Allmächtigen stecken in mir,
mein Geist hat ihr Gift getrunken,
Gottes Schrecken stellen sich gegen mich.
Schreit denn der Wildesel beim Gras,
oder brüllt der Stier bei seinem Futter?
Ißt man denn ungesalzene Speise?
Wer hat Geschmack an fadem Schleim?
Ich sträube mich, daran zu rühren,
das alles ist mir wie verdorbenes Brot.
Käme doch, was ich begehre,
und gäbe Gott, was ich erhoffe.
Und wollte Gott mich doch zermalmen,
seine Hand erheben, um mich abzuschneiden.
Das wäre noch ein Trost für mich;
ich hüpfte auf im Leid, mit dem er mich nicht schont.
Denn ich habe die Worte des Heiligen nicht verleugnet.
Was ist meine Kraft, daß ich aushalten könnte,
wann kommt mein Ende, daß ich mich gedulde?
Ist meine Kraft denn Felsenkraft,
ist mein Fleisch denn aus Erz?
Gibt es keine Hilfe mehr für mich,
ist mir jede Rettung entschwunden?

Ijob 6,4–13

Ist nicht Kriegsdienst des Menschen Leben auf der Erde?
Sind nicht seine Tage die eines Tagelöhners?
Wie ein Knecht ist er, der nach Schatten lechzt,
wie ein Tagelöhner, der auf den Lohn wartet.
So wurden Monde voll Enttäuschung mein Erbe,
und Nächte voller Mühsal teilte man mir zu.
Lege ich mich nieder, sage ich:
Wann darf ich aufstehn?
Wird es Abend, bin ich gesättigt mit Unrast, bis es dämmert.
Mein Leib ist gekleidet in Maden und Schorf,
meine Haut schrumpft und eitert.
Schneller als das Weberschiffchen eilen meine Tage,
der Faden geht aus, sie schwinden dahin.
Denk daran, daß mein Leben nur ein Hauch ist.
Nie mehr schaut mein Auge Glück.
Kein Auge gewahrt mich, das nach mir sieht,
suchen mich deine Augen, dann bin ich nicht mehr da.
Die Wolke schwindet, vergeht,
so steigt nie mehr auf, wer zur Unterwelt fuhr.
Nie kehrt er zurück in sein Haus,
nie mehr erblickt ihn sein Ort.

So wehre ich nicht meinem Mund,
mit bedrängtem Geist will ich reden,
mit betrübter Seele will ich klagen.
Bin ich das Meer, der Meeresdrache,
daß du gegen mich eine Wache stellst?
Sagte ich: Mein Lager soll mich trösten,
mein Bett trage das Leid mit mir!,
so quältest du mich mit Träumen,
und mit Gesichten jagtest du mich in Angst.
Erwürgt zu werden, zöge ich vor,
den Tod diesem Totengerippe.
Ich mag nicht mehr. Ich will nicht ewig leben.
Laß ab von mir; denn nur ein Hauch sind meine Tage.
Was ist der Mensch, daß du groß ihn achtest
und deinen Sinn auf ihn richtest,
daß du ihn musterst jeden Morgen
und jeden Augenblick ihn prüfst?
Wie lange schon schaust du nicht weg von mir,
läßt mich nicht los, so daß ich den Speichel schlucke?
Hab' ich gefehlt?
Was tat ich dir, du Menschenwächter?
Warum stellst du mich vor dich als Zielscheibe hin?
Bin ich dir denn zur Last geworden?

Warum nimmst du mein Vergehen nicht weg,
läßt du meine Schuld nicht nach?
Dann könnte ich im Staub mich betten;
suchtest du mich, wäre ich nicht mehr da.

Ijob 7,1–21

Zum Ekel ist mein Leben mir geworden,
ich lasse meiner Klage freien Lauf,
reden will ich in meiner Seele Bitternis.
Ich sage zu Gott: Sprich mich nicht schuldig,
laß mich wissen, warum du mich befehdest.
Nützt es dir, daß du Gewalt verübst,
daß du das Werk deiner Hände verwirfst,
doch über dem Plan der Frevler aufstrahlst?
Hast du die Augen eines Sterblichen,
siehst du, wie Menschen sehen?
Sind Menschentagen deine Tage gleich
und deine Jahre wie des Mannes Tage,
daß du Schuld an mir suchst,
nach meiner Sünde fahndest,
obwohl du weißt, daß ich nicht schuldig bin
und keiner mich deiner Hand entreißt?
Deine Hände haben mich gebildet, mich gemacht;
dann hast du dich umgedreht und mich vernichtet.

Denk daran, daß du wie Ton mich geschaffen hast.
Zum Staub willst du mich zurückkehren lassen.
Hast du mich nicht ausgegossen wie Milch,
wie Käse mich gerinnen lassen?
Mit Haut und Fleisch hast du mich umkleidet,
mit Knochen und Sehnen mich durchflochten.
Leben und Huld hast du mir verliehen,
deine Obhut schützt meinen Geist.
Doch verbirgst du dies in deinem Herzen;
ich weiß, das hattest du im Sinn.
Sündige ich, wirst du mich bewachen,
mich nicht freisprechen von meiner Schuld.
Wenn ich schuldig werde, dann wehe mir!
Bin ich aber im Recht, darf ich das Haupt nicht
erheben,
bin gesättigt mit Schmach und geplagt mit Kummer.
Erhebe ich es doch, jagst du mich wie ein Löwe
und verhältst dich wieder wunderbar gegen mich.
Neue Zeugen stellst du gegen mich,
häufst deinen Unwillen gegen mich,
immer neue Heere führst du gegen mich.
Warum ließest du mich aus dem Mutterschoß
kommen,
warum verschied ich nicht, ehe mich ein Auge sah?

Wie nie gewesen wäre ich dann,
vom Mutterleib zum Grab getragen.
Sind wenig nicht die Tage meines Lebens?
Laß ab von mir, damit ich ein wenig heiter blicken
  kann,
bevor ich fortgehe ohne Wiederkehr
ins Land des Dunkels und des Todesschattens,
ins Land, so finster wie die Nacht,
wo Todesschatten herrscht und keine Ordnung,
und wenn es leuchtet, ist es wie tiefe Nacht.

Ijob 10,1–22

Rede ich, hört doch mein Schmerz nicht auf;
schweige ich, so weicht er nicht von mir.
Jetzt aber hat er mich erschöpft.
Den Kreis der Freunde hast du mir verstört
und mich gepackt.
Mein Verfall erhebt sich
und tritt als Zeuge gegen mich auf;
er widerspricht mir ins Gesicht.
Sein Zorn zerreißt, befehdet mich,
knirscht gegen mich mit den Zähnen,
mein Gegner schärft die Augen gegen mich.

Sie sperren ihr Maul gegen mich auf,
schlagen voll Hohn mich auf die Wangen,
scharen sich gegen mich zusammen.
Gott gibt mich dem Bösen preis,
in die Hand der Frevler stößt er mich.
In Ruhe lebte ich, da hat er mich erschüttert,
mich im Nacken gepackt, mich zerschmettert,
mich als Zielscheibe für sich aufgestellt.
Seine Pfeile umschwirren mich,
schonungslos durchbohrt er mir die Nieren,
schüttet meine Galle zur Erde.
Bresche über Bresche bricht er mir,
stürmt wie ein Krieger gegen mich an.
Ein Trauergewand hab ich meiner Haut genäht,
mein Horn in den Staub gesenkt.
Mein Gesicht ist vom Weinen rot,
und Dunkel liegt auf meinen Wimpern.
Doch kein Unrecht klebt an meinen Händen,
und mein Gebet ist lauter.

Ijob 16,6–17

Sie machen mir die Nacht zum Tag,
das Licht nähert sich dem Dunkel.
Ich habe keine Hoffnung.
Die Unterwelt wird mein Haus,
in der Finsternis breite ich mein Lager aus.
Zur Grube rufe ich: Mein Vater bist du!,
Meine Mutter, meine Schwester!, zum Wurm.
Wo ist dann meine Hoffnung
und wo mein Glück? Wer kann es schauen?

Ijob 17,12–15

Erkennt doch, daß Gott mich niederdrückt,
da er sein Netz rings um mich warf.
Schrei' ich: Gewalt!, wird mir keine Antwort,
rufe ich um Hilfe, gibt es kein Recht.
Meinen Pfad hat er versperrt; ich kann nicht weiter,
Finsternis legt er auf meine Wege.
Meiner Ehre hat er mich entkleidet,
die Krone mir vom Haupt genommen.
Er brach mich ringsum nieder, ich muß dahin;
er riß mein Hoffen aus wie einen Baum.

Ijob 19,6–10

Meine Brüder hat er von mir entfernt,
meine Bekannten sind mir entfremdet.
Meine Verwandten, Bekannten blieben aus,
die Gäste meines Hauses haben mich vergessen.
Mein Atem ist meiner Frau zuwider;
die Söhne meiner Mutter ekelt es vor mir.
Buben selbst verachten mich,
stehe ich auf, verhöhnen sie mich.
Alle meine Gefährten verabscheuen mich,
die ich liebe, lehnen sich gegen mich auf.
An Haut und Fleisch klebt mein Gebein,
nur das Fleisch an meinen Zähnen blieb.
Erbarmt, erbarmt euch meiner, ihr, meine
Freunde!
Denn Gottes Hand hat mich getroffen.
Warum verfolgt ihr mich wie Gott,
warum werdet ihr an meinem Fleisch nicht satt?

Ijob 19,13–14.17–22

2

Doch ich, ich weiß:
mein Erlöser lebt.

Ijob 19,25

Auch heute ist meine Klage Widerspruch;
schwer lastet seine Hand auf meinem Seufzen.
Wüßte ich doch, wie ich ihn finden könnte,
gelangen könnte zu seiner Stätte.
Ich wollte vor ihm das Recht ausbreiten,
meinen Mund mit Beweisen füllen.
Wissen möchte ich die Worte, die er mir entgegnet,
erfahren, was er zu mir sagt.
Würde er in der Fülle der Macht mit mir streiten?
Nein, gerade er wird auf mich achten.
Dort würde ein Redlicher mit ihm rechten,
und ich käme für immer frei von meinem Richter.
Geh' ich nach Osten, so ist er nicht da,
nach Westen, so merke ich ihn nicht,
nach Norden, sein Tun erblicke ich nicht;
bieg' ich nach Süden, sehe ich ihn nicht.
Doch er kennt den Weg, den ich gehe;
prüfte er mich, ich ginge wie Gold hervor.
Mein Fuß hielt fest an seiner Spur,
seinen Weg hielt ich ein und bog nicht ab.
Das Gebot seiner Lippen gab ich nicht auf;
seines Mundes Worte barg ich im Herzen.
Doch er bleibt sich gleich. Wer stimmt ihn um?
Wonach ihn gelüstet, das führt er aus.

Ja, er vollendet, was er mir bestimmt hat;
und Ähnliches hat er noch viel im Sinn.
Darum erschrecke ich vor seinem Angesicht;
denk' ich daran, gerate ich in Angst vor ihm.
Gott macht mein Herz verzagt,
der Allmächtige versetzt mich in Schrecken.
Denn bin ich nicht von Finsternis umschlossen,
bedeckt nicht Dunkel mein Angesicht?

Ijob 23,2–17

O Erde, deck mein Blut nicht zu,
und ohne Ruhstatt sei mein Hilfeschrei!
Nun aber, seht, im Himmel ist mein Zeuge,
mein Bürge in den Höhen.
Da meine Freunde mich verspotten,
tränt zu Gott hin mein Auge.
Recht schaffe er dem Mann bei Gott
und zwischen Mensch und Mensch.
Denn nur noch wenig Jahre werden kommen,
dann muß ich den Pfad beschreiten,
auf dem man nicht wiederkehrt.

Ijob 16,18–22

Herrschaft und Schrecken sind bei ihm,
der Frieden schafft in seinen Höhen.
Kann man seine Scharen zählen,
und über wem erhebt sich nicht sein Licht?
Wie wäre ein Mensch gerecht vor Gott,
wie wäre rein der vom Weib Geborene?
Siehe, selbst der Mond glänzt nicht hell,
die Sterne sind nicht rein in seinen Augen,
geschweige denn der Mensch, die Made,
der Menschensohn, der Wurm.

Ijob 25,2–6

So wahr Gott lebt, der mir mein Recht entzog,
der Allmächtige, der meine Seele quälte:
Solange noch Atem in mir ist
und Gottes Hauch in meiner Nase,
soll Unrecht nicht von meinen Lippen kommen,
noch meine Zunge Falsches reden.
Fern sei es mir, euch recht zu geben,
ich gebe, bis ich sterbe, meine Unschuld nicht preis.
An meinem Rechtsein halt' ich fest und lass' es nicht;
mein Herz schilt keinen meiner Tage.

Ijob 27,2–6

Siehe, ich bin zu gering.
Was kann ich dir erwidern?
Ich lege meine Hand auf meinen Mund.
Einmal habe ich geredet, ich tu es nicht wieder;
ein zweites Mal, doch nun nicht mehr!

Ijob 40,4–5

Ich hab' erkannt, daß du alles vermagst;
kein Vorhaben ist dir verwehrt.
Wer ist es, der ohne Einsicht den Rat verdunkelt?
So habe ich denn im Unverstand geredet über Dinge,
die zu wunderbar für mich und unbegreiflich sind.
Hör doch, ich will nun reden,
ich will dich fragen, du belehre mich!
Vom Hörensagen nur hatte ich von dir vernommen;
jetzt aber hat mein Auge dich geschaut.
Darum widerrufe ich und atme auf,
in Staub und Asche.

Ijob 42,2–6

Daß doch meine Worte geschrieben würden,
in einer Inschrift eingegraben
mit eisernem Griffel und mit Blei,
für immer gehauen in den Fels.
Doch ich, ich weiß: mein Erlöser lebt,
als letzter erhebt er sich über dem Staub.
Ohne meine Haut, die so zerfetzte,
und ohne mein Fleisch werde ich Gott schauen.
Ihn selber werde ich dann für mich schauen;
meine Augen werden ihn sehen, nicht mehr fremd.
Danach sehnt sich mein Herz in meiner Brust.

Ijob 19,23–27

XIII
Dem Tod entgegenleben

Vom ersten Augenblick unseres Daseins an bedroht uns der Tod. Erst viel später aber begreifen wir, daß der Tod zum Leben gehört. Ob wir früh sterben, jung und unverbraucht, oder im Alter, wenn uns die Kräfte schwinden, immer ist es Gott, der uns umfängt und aufnimmt. Dieses Wissen um den allgegenwärtigen, alle Geschöpfe in sich bergenden Gott ist in der Bibel schon zu einer Zeit lebendig gewesen, als über ein Leben nach dem Tod noch Unklarheit und Verwirrung herrschten.

Zur Besinnung

Einige Zeit später ging er in eine Stadt namens Naïn; seine Jünger und eine große Menschenmenge folgten ihm. Als er in die Nähe des Stadttors kam, trug man gerade einen Toten heraus. Es war der einzige Sohn seiner Mutter, einer Witwe. Und viele Leute aus der Stadt begleiteten sie. Als der Herr die Frau sah, hatte er Mitleid mit ihr und sagte zu ihr: Weine nicht! Dann ging er zu der Bahre hin und faßte sie an. Die Träger blieben stehen, und er sagte: Ich befehle dir, junger Mann: Steh auf! Da richtete sich der Tote auf und begann zu sprechen, und Jesus gab ihn seiner Mutter zurück. Alle wurden von Furcht ergriffen; sie priesen Gott und sagten: Ein großer Prophet ist unter uns aufgetreten: Gott hat sich seines Volkes angenommen.

Lk 7,11–16

1

Herr, bist nicht du
von Ewigkeit her mein heiliger Gott?
Wir wollen nicht sterben.

Hab 1,12

Herr, du bist gerecht,
alle deine Wege und Taten zeugen von deiner
Barmherzigkeit und Wahrheit;
wahr und gerecht ist dein Gericht in Ewigkeit.
Denk an mich, und blick auf mich herab!
Straf mich nicht für die Sünden und Fehler,
die ich und meine Väter dir gegenüber begangen
haben.
Sie haben nicht auf deine Gebote gehört.
Darum hast du uns der Plünderung, der Gefangenschaft und dem Tod preisgegeben;
bei allen Völkern, unter die wir zerstreut worden sind,
hast du uns zum Gespött gemacht.
Auch jetzt treffen mich zu Recht deine harten Strafen,
die du über mich kommen läßt
wegen meiner und meiner Väter Sünden.
Denn wir haben deine Gebote nicht gehalten
und haben den Weg deiner Wahrheit verlassen.
Tu also mit mir, was dir gefällt.
Laß meinen Geist von mir scheiden;
laß mich sterben und zu Staub werden!
Es ist besser für mich, tot zu sein als zu leben.
Denn ungerechte Vorwürfe mußte ich anhören,
und ich bin sehr betrübt.

Laß mich jetzt aus meiner Not zur ewigen Ruhestatt gelangen!
Wende deine Augen nicht von mir ab!

Tob 3,2–6

Herr, ich suche Zuflucht bei dir.
Laß mich doch niemals scheitern!
Reiß mich heraus und rette mich
in deiner Gerechtigkeit,
wende dein Ohr mir zu und hilf mir!
Sei mir ein sicherer Hort,
zu dem ich allzeit kommen darf.
Du hast mir versprochen zu helfen;
denn du bist mein Fels und meine Burg.
Herr, mein Gott, du bist ja meine Zuversicht,
meine Hoffnung von Jugend auf.
Vom Mutterleib an stütze ich mich auf dich,
vom Mutterschoß an bist du mein Beschützer;
dir gilt mein Lobpreis allezeit.
Für viele bin ich wie ein Gezeichneter,
du aber bist meine starke Zuflucht.
Verwirf mich nicht, wenn ich alt bin,
verlaß mich nicht, wenn meine Kräfte schwinden.

Gott, bleib doch nicht fern von mir!
Mein Gott, eile mir zu Hilfe!
Gott, du hast mich gelehrt von Jugend auf,
und noch heute verkünde ich dein wunderbares
Walten.
Auch wenn ich alt und grau bin,
o Gott, verlaß mich nicht!
Du ließest mich viel Angst und Not erfahren.
Belebe mich neu,
führe mich herauf aus den Tiefen der Erde!
Du wirst mich wiederum trösten.

aus Ps 71

Herr, du warst unsere Zuflucht
von Geschlecht zu Geschlecht.
Ehe die Berge geboren wurden,
die Erde entstand und das Weltall,
bist du, o Gott, von Ewigkeit zu Ewigkeit.
Du läßt die Menschen zurückkehren zum Staub
und sprichst: »Kommt wieder, ihr Menschen!«
Denn tausend Jahre sind für dich
wie der Tag, der gestern vergangen ist,
wie eine Wache in der Nacht.

Von Jahr zu Jahr säst du die Menschen aus;
sie gleichen dem sprossenden Gras.
Am Morgen grünt es und blüht,
am Abend wird es geschnitten und welkt.
Denn wir vergehen durch deinen Zorn,
werden vernichtet durch deinen Grimm.
Du hast unsere Sünden vor dich hingestellt,
unsere geheime Schuld in das Licht deines Angesichts.
Denn all unsere Tage gehn hin unter deinem Zorn,
wir beenden unsere Jahre wie einen Seufzer.
Unser Leben währt siebzig Jahre,
und wenn es hoch kommt, sind es achtzig.
Das Beste daran ist nur Mühsal und Beschwer,
rasch geht es vorbei, wir fliegen dahin.
Unsere Tage zu zählen, lehre uns!
Dann gewinnen wir ein weises Herz.

Ps 90

Herr, du hast mich erforscht und du kennst mich.
Ob ich sitze oder stehe, du weißt von mir.
Von fern erkennst du meine Gedanken.
Ob ich gehe oder ruhe, es ist dir bekannt;
du bist vertraut mit all meinen Wegen.
Noch liegt mir das Wort nicht auf der Zunge –
du, Herr, kennst es bereits.
Du umschließt mich von allen Seiten
und legst deine Hand auf mich.
Zu wunderbar ist für mich dieses Wissen,
zu hoch, ich kann es nicht begreifen.
Wohin könnte ich fliehen vor deinem Geist,
wohin mich vor deinem Angesicht flüchten?
Steige ich hinauf in den Himmel, so bist du dort;
bette ich mich in der Unterwelt, bist du zugegen.
Nehme ich die Flügel des Morgenrots
und lasse mich nieder am äußersten Meer,
auch dort wird deine Hand mich ergreifen
und deine Rechte mich fassen.

Würde ich sagen: »Finsternis soll mich bedecken,
statt Licht soll Nacht mich umgeben«,
auch die Finsternis wäre für dich nicht finster,
die Nacht würde leuchten wie der Tag,
die Finsternis wäre wie Licht.
Denn du hast mein Inneres geschaffen,
mich gewoben im Schoß meiner Mutter.
Ich danke dir, daß du mich so wunderbar gestaltet hast.
Ich weiß: Staunenswert sind deine Werke.
Als ich geformt wurde im Dunkeln,
kunstvoll gewirkt in den Tiefen der Erde,
waren meine Glieder dir nicht verborgen.
Deine Augen sahen, wie ich entstand,
in deinem Buch war schon alles verzeichnet;
meine Tage waren schon gebildet,
als noch keiner von ihnen da war.
Wie schwierig sind für mich, o Gott, deine Gedanken,
wie gewaltig ist ihre Zahl!
Erforsche mich, Gott, und erkenne mein Herz,
prüfe mich, und erkenne mein Denken!
Sieh her, ob ich auf dem Weg bin, der dich kränkt,
und leite mich auf dem altbewährten Weg!

Ps 139

2

Am dritten Tag
richtet er uns wieder auf.

Hos 6,2

Ich habe den Herrn beständig vor Augen.
Er steht mir zur Rechten, ich wanke nicht.
Darum freut sich mein Herz und frohlockt meine
  Zunge,
und auch mein Leib wird in sicherer Hoffnung ruhen.
Denn du gibst mich nicht der Unterwelt preis,
noch läßt du deinen Frommen die Verwesung schauen.
Du zeigst mir die Wege zum Leben,
du erfüllst mich mit Freude vor deinem Angesicht.

Ps 16,8–11

Kommt, wir kehren zum Herrn zurück!
Denn er hat (Wunden) gerissen,
er wird uns auch heilen;
er hat verwundet, er wird auch verbinden.
Nach zwei Tagen gibt er uns das Leben zurück,
am dritten Tag richtet er uns wieder auf,
und wir leben vor seinem Angesicht.

Hos 6,1–2

Christus ist für unsere Sünden gestorben,
gemäß der Schrift,
und ist begraben worden.
Er ist am dritten Tag auferweckt worden,
gemäß der Schrift.

1 Kor 15,3–4

Keiner von uns lebt sich selber,
und keiner stirbt sich selber:
Leben wir, so leben wir dem Herrn,
sterben wir, so sterben wir dem Herrn.
Ob wir leben oder ob wir sterben,
wir gehören dem Herrn.

Röm 14,7–8

»Marána tha – Unser Herr, komm!
Komm, Herr Jesus!«

1 Kor 16,22; Offb 22,20

XIV
Um die Rettung des Volkes

Neben den Bußgebeten, in denen der einzelne um Vergebung für seine persönlichen Sünden bittet, kennt die Bibel zahlreiche Texte, in denen um die Rettung des ganzen Volkes gebetet wird. Israel hat sich in seiner Geschichte mehrmals vom Untergang bedroht gesehen, und immer wieder rang es mit Gott ums Überleben. Das Volk war sich bewußt, wegen seiner Sünden das Gericht und die Strafe Gottes verdient zu haben, aber wie leidenschaftlich es Gottes Hilfe erflehte, zeigen die folgenden Beispiele.

Wir beginnen mit prophetischen Texten (1), bringen dann Gebete aus exilischer und nachexilischer Zeit (2), um mit Zeugnissen der Makkabäerzeit (3) zu schließen.

Es wird nicht immer leicht sein, sich die Texte zu eigen zu machen, da sie oft auf historische Ereignisse aus der Geschichte Israels Bezug nehmen. In solchen Fällen aber könnten die Gebete uns anregen, über die Fehler und Versäumnisse unseres eigenen Volkes nachzudenken –, sofern dies noch ein Thema ist, das wir vor Gott besprechen.

Zur Besinnung

Denk daran, Jakob, und du, Israel,
daß du mein Knecht bist.
Ich habe dich geschaffen, du bist mein Knecht;
Israel, ich vergesse dich nicht.
Ich fege deine Vergehen hinweg wie eine Wolke
und deine Sünden wie Nebel.
Kehr um zu mir; denn ich erlöse dich.
Jauchzt, ihr Himmel, denn der Herr hat gehandelt;
jubelt, ihr Tiefen der Erde!
Brecht in Jubel aus, ihr Berge,
ihr Wälder mit all euren Bäumen!
Denn der Herr hat Jakob erlöst
und an Israel bewiesen, wie herrlich er ist.
So spricht der Herr, dein Erlöser,
der dich im Mutterleib geformt hat:
Ich bin der Herr, der alles bewirkt,
der ganz allein den Himmel ausgespannt hat,
der die Erde gegründet hat aus eigener Kraft.

Jes 44,21–24

1

Das kannst du doch nicht tun,
die Gerechten zusammen mit den Ruchlosen umbringen.

Gen 18,25

Du, Israels Hoffnung,
sein Retter zur Zeit der Not,
warum bist du wie ein Fremder im Land
und wie ein Wanderer,
der nur über Nacht einkehrt?
Warum bist du wie ein ratloser Mann,
wie ein Krieger, der nicht zu siegen vermag?
Du bist doch in unsrer Mitte, Herr,
und dein Name ist über uns ausgerufen.
Verlaß uns nicht!

Jer 14,8–9

Hast du denn Juda ganz verworfen,
wurde dir Zion zum Abscheu?
Warum hast du uns so geschlagen,
daß es für uns keine Heilung mehr gibt?
Wir hofften auf Heil,
doch kommt nichts Gutes,
auf die Zeit der Heilung,
doch ach, nur Schrecken!
Wir erkennen, Herr, unser Unrecht,
die Schuld unsrer Väter:
Ja, wir haben gegen dich gesündigt.

Um deines Namens willen verschmäh nicht,
verstoß nicht den Thron deiner Herrlichkeit!
Gedenke deines Bundes mit uns,
und löse ihn nicht!
Gibt es etwa Regenspender
unter den Götzen der Völker?
Oder ist es der Himmel, der von selbst regnen läßt?
Bist nicht du es, Herr, unser Gott?
Wir setzen unsre Hoffnung auf dich;
denn du hast dies alles gemacht.

Jer 14,19–22

Nun aber, Herr, Gott Israels!
Du hast dein Volk aus Ägypten geführt mit starker Hand,
mit Zeichen und Wundern, mit großer Macht und erhobenem Arm,
und hast dir einen Namen gemacht bis auf den heutigen Tag.
Herr, unser Gott, wir haben gesündigt,
gefrevelt, Unrecht getan trotz all deiner Satzungen.
Nun wende sich dein Zorn von uns.

Denn nur wenige von uns sind noch übrig unter den Völkern,
wohin du uns zerstreut hast.
Erhöre, Herr, unser Gebet und unsere Bitte!
Rette uns um deinetwillen!
Laß uns Gnade finden bei denen,
die uns aus der Heimat weggeführt haben.
So soll die ganze Welt erkennen,
daß du der Herr, unser Gott, bist.
Dein Name ist ja über Israel und seinem Stamm ausgerufen.
Herr, schau herab von deiner heiligen Wohnung,
und achte auf uns!
Neige, Herr, dein Ohr, und höre!
Öffne, Herr, deine Augen, und schau!
Denn nicht die Toten in der Unterwelt,
aus deren Leib der Atem weggenommen ist,
preisen die Ehre und Gerechtigkeit des Herrn,
sondern die Menschen, die in großer Bedrängnis leben,
gebeugt und kraftlos einhergehen
und deren Augen schwach sind,
die Menschen, die hungern,
sie preisen deine Ehre und Gerechtigkeit, Herr.

Denn nicht im Vertrauen auf die Verdienste unserer
Väter und unserer Könige
tragen wir dir unsere Bitte um Erbarmen vor, Herr,
unser Gott.

Bar 2,11–19

Herr, meine Kraft und meine Burg,
meine Zuflucht am Tag der Not!
Zu dir kommen Völker von den Enden der Erde
und sagen: Nur Trug besaßen unsre Väter,
Wahngebilde, die nichts nützen.
Kann ein Mensch sich Götter machen?
Das sind doch keine Götter.
Darum seht, ich bringe sie zur Erkenntnis;
ja, diesmal bringe ich sie zur Erkenntnis
meiner Macht und meiner Gewalt,
und sie werden erkennen:
Mein Name ist Jahwe, der Herr.

Jer 16,19–21

Ach, mein Herr und Gott!
Du hast Himmel und Erde erschaffen
durch deine große Kraft und deinen hoch erhobenen Arm.
Nichts ist dir unmöglich.
Du übst Gnade an Tausenden,
doch zahlst du die Schuld der Väter ihren Söhnen heim,
die nach ihnen kommen,
du gewaltiger, starker Gott, dessen Name Herr der Heere ist.
Groß bist du an Rat und mächtig an Tat;
deine Augen wachen über alle Wege der Menschen,
um jedem entsprechend seinem Verhalten und seinem Verdienst zu vergelten.
Du hast an Israel und an den Menschen
Zeichen und Wunder getan,
in Ägypten und bis auf den heutigen Tag.
So hast du dir einen Namen gemacht,
wie du ihn noch heute hast.
Du hast dein Volk Israel
unter Zeichen und Wundern,
mit starker Hand, mit hoch erhobenem Arm
und gewaltigen Schreckenstaten aus Ägypten herausgeführt.

Du hast ihnen dieses Land gegeben,
das du ihren Vätern eidlich zugesichert hattest,
ein Land, in dem Milch und Honig fließen.
Als sie aber dorthin kamen und es in Besitz nahmen,
hörten sie nicht auf deine Stimme
und folgten deiner Weisung nicht.
Nichts von alledem, was du ihnen befohlen hast,
haben sie getan;
darum hast du über sie all dies Unheil gebracht.

Jer 32,17–23

Was du angedroht hast, ist eingetroffen;
du siehst es ja selbst.

Jer 32,24

Wer ist ein Gott wie du,
der du Schuld verzeihst
und dem Rest deines Erbvolkes
das Unrecht vergibst?
Gott hält nicht für immer fest an seinem Zorn;
denn er liebt es, gnädig zu sein.
Er wird wieder Erbarmen haben mit uns
und unsere Schuld zertreten.

Ja, du wirfst all unsere Sünden
in die Tiefe des Meeres hinab.
Du wirst Jakob deine Treue beweisen
und Abraham deine Huld,
wie du unseren Vätern geschworen hast
in den Tagen der Vorzeit.

Mi 7,18–20

Die Huld des Herrn will ich preisen,
die ruhmreichen Taten des Herrn,
alles, was der Herr für uns tat,
seine große Güte,
die er dem Haus Israel erwies
in seiner Barmherzigkeit und seiner großen Huld.
Er sagte: Sie sind doch mein Volk,
meine Söhne, die nicht enttäuschen.
Er wurde ihr Retter in jeder Not.
Nicht ein Bote oder ein Engel,
sondern sein Angesicht hat sie gerettet.
In seiner Liebe und seinem Mitleid
hat er selbst sie erlöst.
Er hat sie emporgehoben und sie getragen
in all den Tagen der Vorzeit.
Sie aber lehnten sich gegen ihn auf

und betrübten seinen heiligen Geist.
Da wandelte er sich und wurde ihr Feind,
ja, er führte Krieg gegen sie.
Nun dachten sie an die Tage der Vorzeit,
die Zeit seines Knechtes Mose:
Wo ist der, der den Hirten seiner Schafe aus dem
  Meer herausgeführt hat?
Wo ist der, der seinen heiligen Geist in ihn gelegt hat,
der an der rechten Seite des Mose ging
und ihm half mit mächtigem Arm,
der das Wasser vor ihnen zerteilte,
um sich ewigen Ruhm zu verschaffen,
der sie durch die Fluten führte
wie Pferde durch die Steppe,
ohne daß sie strauchelten?
Der Geist des Herrn ließ sie zur Ruhe kommen,
wie das Vieh, das ins Tal hinabzieht.
So führtest du einst dein Volk,
um dir herrlichen Ruhm zu verschaffen.
Blick vom Himmel herab, und sieh her
von deiner heiligen, herrlichen Wohnung!
Wo ist dein leidenschaftlicher Eifer und deine Macht,
dein großes Mitleid und dein Erbarmen?
Halte dich nicht von uns fern!

Du bist doch unser Vater;
denn Abraham weiß nichts von uns,
Israel will uns nicht kennen.
Du, Herr, bist unser Vater,
»Unser Erlöser von jeher« wirst du genannt.
Warum läßt du uns, Herr, von deinen Wegen abirren
und machst unser Herz hart,
so daß wir dich nicht mehr fürchten?
Uns geht es, als wärest du nie unser Herrscher gewesen,
als wären wir nicht nach deinem Namen benannt.

Jes 63,7–17

Komm wie ein Feuer, das Reisig entzündet,
wie ein Feuer, das Wasser zum Sieden bringt.
Mach deinen Feinden deinen Namen bekannt,
so daß die Völker zittern vor dir,
wenn du schreckliche und nie erwartete Taten
vollbringst.
Komm herab, so daß die Berge zittern vor dir.
Seit Menschengedenken hat man noch nie vernommen,
kein Ohr hat gehört, kein Auge gesehen,
daß es einen Gott gibt außer dir,
der denen Gutes tut, die auf ihn hoffen.

Ach, kämst du doch denen entgegen,
die tun, was recht ist
und nachdenken über deine Wege.
Ja, du warst zornig;
denn wir haben gegen dich gesündigt,
von Urzeit an sind wir treulos geworden.
Wie unreine Menschen sind wir alle geworden,
unsere ganze Gerechtigkeit
ist wie ein schmutziges Kleid.
Wie Laub sind wir alle verwelkt,
unsere Schuld trägt uns fort wie der Wind.
Niemand ruft deinen Namen an,
keiner rafft sich dazu auf, festzuhalten an dir.
Denn du hast dein Angesicht vor uns verborgen
und hast uns der Gewalt unserer Schuld überlassen.
Und doch bist du, Herr, unser Vater.
Wir sind der Ton, und du bist unser Töpfer,
wir alle sind das Werk deiner Hände.
Herr, zürne uns doch nicht allzu sehr,
denk nicht für immer an unsere Schuld!
Sieh doch her: Wir alle sind dein Volk.
Kannst du dich bei all dem zurückhalten, Herr,
kannst du schweigen und uns so sehr erniedrigen?

Jes 63,19–64,8

2

Denk an deine Knechte,
an Abraham, Isaak und Jakob!

Dtn 9,27

Gott, mein Herr,
bring nicht das Verderben über dein Volk und deinen Erbbesitz,
die du in deiner Macht freigekauft
und mit starker Hand aus Ägypten geführt hast.
Denk an deine Knechte, an Abraham, Isaak und Jakob!
Beachte nicht den Starrsinn dieses Volkes,
sein Verschulden und seine Sünde,
damit man nicht in dem Land,
aus dem du uns geführt hast, sagt:
Offenbar kann der Herr sie nicht in das Land führen,
das er ihnen zugesagt hat,
oder er liebt sie nicht;
also hat er sie nur herausgeführt,
um sie in der Wüste sterben zu lassen.
Sie sind aber doch dein Volk und dein Erbbesitz,
die du mit großer Kraft und hoch erhobenem Arm herausgeführt hast.

Dtn 9,26–29

Mein Gott, ich schäme mich und wage nicht,
die Augen zu dir, mein Gott, zu erheben.

Denn unsere Vergehen sind uns über den Kopf
gewachsen;
unsere Schuld reicht bis zum Himmel.
Seit den Tagen unserer Väter bis heute sind wir in
großer Schuld.
Jetzt, für einen kurzen Augenblick,
hat der Herr, unser Gott, uns Erbarmen gezeigt;
er hat einen Rest gerettet und übriggelassen
und uns einen Ruheplatz an seinem heiligen Ort
gewährt.
So ließ unser Gott unsere Augen aufleuchten,
er ließ uns ein wenig aufleben in unserer Knechtschaft.
Ja, wir sind Knechte.
Aber auch in unserer Knechtschaft hat unser Gott
uns nicht verlassen.
Aber jetzt, unser Gott, was sollen wir nach all dem
sagen?
Wir haben ja deine Gebote verlassen.
Was ist alles über uns gekommen
wegen unserer bösen Taten und unserer großen
Schuld!
Dabei hast du, unser Gott, unsere Schuld mit
Nachsicht behandelt
und uns diese Schar von Geretteten gelassen.

Können wir nach alledem von neuem deine Gebote brechen?
Mußt du uns dann nicht zürnen, bis wir ganz vernichtet sind,
so daß kein Rest von Geretteten mehr übrig bleibt?
Herr, Gott Israels, du bist gerecht;
darum hast du uns als geretteten Rest übrig gelassen,
wie es heute der Fall ist.
Nun stehen wir vor dir mit unserer Schuld.
Nein, so kann niemand vor dir bestehen.

aus Esra 9

Ach, Herr, Gott des Himmels,
du großer und furchtgebietender Gott!
Du hältst deinen Bund und bewahrst deine Gnade denen,
die dich lieben und deine Gebote halten.
Hab ein aufmerksames Ohr und ein offenes Auge,
und hör das Gebet deines Knechtes!
Ich bete jetzt Tag und Nacht vor dir
für die Söhne Israels, deine Diener.
Ich lege ein Bekenntnis ab wegen der Sünden der Söhne Israels.

Wir haben gegen dich gesündigt;
auch ich und meine Familie haben gesündigt.
Wir haben sehr schlecht gegen dich gehandelt:
Wir haben die Gebote, Gesetze und Anordnungen
mißachtet,
die du deinem Diener Mose gegeben hast.
Aber denk an das Wort, das du deinem Diener Mose
aufgetragen hast:
Wenn ihr mir die Treue brecht,
dann werde ich euch unter die Völker zerstreuen;
wenn ihr aber zu mir umkehrt,
meine Gebote befolgt und sie ausführt,
dann sammle ich euch wieder,
selbst die, die bis ans Ende des Himmels verschlagen
wurden;
ich bringe sie an den Ort, den ich erwählt habe,
um dort meinen Namen wohnen zu lassen.
Sie sind ja deine Knechte, dein Volk,
das du erlöst hast mit deiner großen Kraft und deiner
starken Hand.
Ach, Herr, dein Ohr höre aufmerksam
auf das Gebet deines Knechtes und das Gebet deiner
Knechte,
die von Herzen deinen Namen fürchten.

Neh 1,5–11

Du, Herr, bist der Einzige.
Du hast den Himmel geschaffen und den Himmel der
Himmel
und sein ganzes Heer, die Erde und alles, was auf ihr ist,
die Meere und alles, was darin lebt.
Ihnen allen gibst du das Leben.
Das Heer des Himmels betet dich an.
Du, Herr, bist der Gott, der Abraham auserwählt hat.
Du hast ihn aus Ur in Chaldäa herausgeführt und
ihm den Namen Abraham verliehen.
Du hast sein Herz getreu befunden;
deshalb hast du mit ihm den Bund geschlossen
(und ihm versprochen),
seinen Nachkommen das Land der Kanaaniter,
Hetiter, Amoriter, Perisiter, Jebusiter und
Girgaschiter zu geben;
und du hast dein Wort gehalten, denn du bist gerecht.
Du hast das Elend unserer Väter in Ägypten gesehen,
und du hast ihren Notschrei am Schilfmeer gehört.
Du hast Zeichen und Wunder getan am Pharao,
an all seinen Dienern und am ganzen Volk in seinem
Land;
denn du wußtest, daß sie mit Israel ihren Übermut
getrieben hatten.

So hast du dir einen Namen gemacht,
der gerühmt wird bis zum heutigen Tag.
Du hast das Meer vor ihnen zerteilt,
und sie schritten auf trockenem Boden mitten durchs
Meer;
doch ihre Verfolger hast du in die Tiefe gestürzt,
wie einen Stein, der in reißendem Wasser versinkt.
Durch eine Wolkensäule hast du sie bei Tag geleitet
und durch eine Feuersäule bei Nacht,
um ihnen den Weg zu erhellen, den sie gehen
sollten.
Du bist auf den Berg Sinai herabgestiegen
und hast vom Himmel her mit ihnen gesprochen;
du hast ihnen klare Ordnungen und zuverlässige
Gesetze gegeben,
gute Satzungen und Gebote.
Deinen heiligen Sabbat hast du ihnen bekannt
gemacht
und hast ihnen durch deinen Diener Mose
Gebote, Satzungen und Anweisungen gegeben.
Du hast ihnen Brot vom Himmel gegeben,
als sie Hunger hatten,
und hast Wasser aus dem Felsen sprudeln lassen,
als sie Durst litten.

Endlich hast du ihnen befohlen,
in das Land, das du ihnen unter einem Eid zugesagt hattest,
hineinzuziehen und es in Besitz zu nehmen.
Unsere Väter aber wurden hochmütig;
sie waren trotzig und hörten nicht auf seine Gebote.
Sie weigerten sich zu gehorchen
und dachten nicht mehr an die Wunder,
die du an ihnen getan hattest.
Hartnäckig setzten sie sich in den Kopf,
als Sklaven nach Ägypten zurückzukehren.
Doch du bist ein Gott, der verzeiht,
du bist gnädig und barmherzig,
langmütig und reich an Huld;
darum hast du sie nicht verlassen.
Sie machten sich sogar ein gegossenes Kalb und sagten:
Das ist dein Gott, der dich aus Ägypten herausgeführt hat!,
und sie verübten schwere Frevel.
Du aber hast sie in deinem großen Erbarmen nicht in der Wüste verlassen.
Die Wolkensäule wich nicht von ihnen bei Tag,
sondern führte sie auf ihrem Weg;
ebenso erhellte die Feuersäule bei Nacht den Weg,
den sie gehen sollten.

Du gabst ihnen deinen guten Geist,
um sie zur Einsicht zu bringen.
Du entzogst ihnen dein Manna nicht
und gabst ihnen Wasser für ihren Durst.
Vierzig Jahre lang hast du für sie in der Wüste gesorgt.
Sie litten keinen Mangel;
ihre Kleider zerfielen nicht,
ihre Füße schwollen nicht an.
Du hast ihnen ganze Reiche und Völker ausgeliefert
und als Randgebiet zugeteilt.
Du hast ihre Nachkommen so zahlreich gemacht
wie die Sterne am Himmel
und hast sie in das Land geführt,
von dem du ihren Vätern versprochen hattest,
sie würden dort hineinziehen und es in Besitz nehmen.
Und die Nachkommen zogen in das Land und
nahmen es in Besitz.
Du hast ihnen die Kanaaniter, die Bewohner des
Landes, unterworfen.
Du gabst sie in ihre Gewalt,
die Völker des Landes samt ihren Königen,
und sie durften mit ihnen machen, was sie wollten.
Sie eroberten befestigte Städte und fruchtbares
Ackerland.

Häuser mit all ihrem Reichtum nahmen sie in Besitz,
ausgehauene Zisternen, Weinberge, Ölbäume und
Obstbäume in Menge.
Sie aßen sich satt, wurden fett
und lebten gut von deinen reichen Gaben.
Dann aber wurden sie trotzig;
sie empörten sich gegen dich und kehrten deinem
Gesetz den Rücken.
Deine Propheten warnten sie zwar
und wollten sie zu dir zurückführen;
doch man tötete sie und verübte schwere Frevel.
Da gabst du unsere Väter in die Gewalt ihrer Feinde,
die sie hart bedrängten.
Wenn sie dann bedrängt wurden, schrien sie zu dir,
und du erhörtest sie im Himmel.
In deinem großen Erbarmen schicktest du ihnen Retter,
die sie aus der Gewalt ihrer Feinde befreiten.
Doch sobald sie Ruhe hatten,
taten sie wieder Dinge, die dir mißfielen.
Da liefertest du sie wieder der Gewalt ihrer Feinde aus,
die sie unterdrückten.
Nun schrien sie wieder zu dir,
und du erhörtest sie im Himmel;
oft hast du sie befreit in deinem großen Erbarmen.

Du warntest sie, um sie zu deinem Gesetz
zurückzuführen.
Sie aber waren stolz;
sie hörten nicht auf deine Gebote
und versündigten sich gegen deine Vorschriften;
und doch lebt durch sie der Mensch, der sie befolgt.
Sie kehrten dir trotzig den Rücken zu,
waren starrsinnig und gehorchten dir nicht.
Viele Jahre hast du mit ihnen Geduld gehabt,
hast sie gewarnt durch deinen Geist, durch deine
Propheten;
doch sie hörten nicht.
Da gabst du sie in die Gewalt der benachbarten Völker.
In deinem großen Erbarmen hast du sie aber nicht
ausgerottet;
du hast sie nicht verlassen,
denn du bist ein gnädiger und barmherziger Gott.
Und jetzt, unser Gott,
du großer, starker, furchtgebietender Gott,
der den Bund hält und uns seine Gnade bewahrt:
Achte nicht gering all die Mühsal, die uns getroffen hat,
unsere Könige und Vorsteher, unsere Priester und
Propheten,
unsere Väter und dein ganzes Volk seit den Tagen der
Könige von Assur bis heute.

Du warst gerecht bei allem, was über uns gekommen ist.
Du hast uns deine Treue bewiesen;
wir aber haben gesündigt.
Unsere Könige, Vorsteher und Priester
und unsere Väter befolgten dein Gesetz nicht;
sie mißachteten deine Gebote und die Warnungen,
die du an sie gerichtet hast.
Sie lebten in ihrem eigenen Königreich,
in der Fülle des Reichtums, den du ihnen gewährt hast,
in dem weiten, fruchtbaren Land, das du vor sie
hingebreitet hast;
sie aber haben dir trotzdem nicht gedient
und sich nicht von ihrem bösen Treiben abgewandt.
Darum sind wir heute Knechte.
Du hast unseren Vätern dieses Land gegeben,
damit sie seine Früchte und seinen Reichtum genießen;
wir aber leben darin als Knechte.
Sein reicher Ertrag geht an die Könige,
die du wegen unserer Sünden über uns gesetzt hast.
Sie verfügen über uns selbst
und unser Vieh nach ihrem Belieben.
Darum sind wir in großer Not.

Neh 9,6–37

Herr, denk daran, was uns geschehen,
blick her, und sieh unsere Schmach!
An Ausländer fiel unser Erbe,
unsere Häuser kamen an Fremde.
Wir wurden Waisen, Kinder ohne Vater,
unsere Mütter wurden Witwen.
Unser Wasser trinken wir für Geld,
unser Holz müssen wir bezahlen.
Wir werden getrieben, das Joch auf dem Nacken,
wir sind müde, man versagt uns die Ruhe.
Unsere Väter haben gesündigt; sie sind nicht mehr.
Wir müssen ihre Sünden tragen.
Sklaven herrschen über uns,
niemand entreißt uns ihren Händen.
Unter Lebensgefahr holen wir unser Brot,
bedroht vom Schwert der Wüste.
Unsere Haut glüht wie ein Ofen
von den Gluten des Hungers.
Frauen hat man in Zion geschändet,
Jungfrauen in den Städten von Juda.
Fürsten wurden von Feindeshand gehängt,
den Ältesten nahm man die Ehre.
Junge Männer mußten die Handmühlen schleppen,
unter der Holzlast brachen die Knaben zusammen.

Dahin ist unseres Herzens Freude,
in Trauer gewandelt unser Reigen.
Die Krone ist uns vom Haupt gefallen.
Weh uns, wir haben gesündigt.
Darum ist krank unser Herz,
darum sind trüb unsere Augen . . .
Du aber, Herr, bleibst ewig,
dein Thron von Geschlecht zu Geschlecht.
Warum willst du uns für immer vergessen,
uns verlassen fürs ganze Leben?
Kehre uns, Herr, dir zu,
dann können wir uns zu dir bekehren.
Erneuere unsere Tage, damit sie werden wie früher.

Klgl 5

Rette uns, du Gott des Alls,
und wirf deinen Schrecken auf alle Völker!
Schwing deine Hand gegen das fremde Volk,
damit es deine mächtigen Taten sieht.
Wie du dich an uns vor ihren Augen als heilig bezeugt hast,
so verherrliche dich an ihnen vor unseren Augen,
damit sie erkennen, wie wir es erkannten:
Es gibt keinen Gott außer dir.

Erneuere die Zeichen, wiederhole die Wunder,
zeig die Macht deiner Hand und die Kraft deines
rechten Armes!
Weck deinen Zorn, ergieß deinen Groll,
beuge den Gegner, wirf den Feind zu Boden!
Beschleunige das Ende, und schau auf die Zeit!
Denn wer darf zu dir sagen: Was tust du?
Hab Erbarmen mit dem Volk,
das deinen Namen trägt,
mit Israel, den du deinen Erstgeborenen nanntest.
Hab Erbarmen mit deiner heiligen Stadt,
mit Jerusalem, dem Ort, wo du wohnst.
Erfülle Zion mit deinem Glanz
und deinen Tempel mit deiner Herrlichkeit!
Leg Zeugnis ab für das, was du ehedem verfügt hast;
erfülle die Weissagung,
die in deinem Namen ergangen ist.
Gib allen ihren Lohn, die auf dich hoffen,
und bestätige so deine Propheten!
Erhöre das Gebet deiner Diener;
du hast doch Gefallen an deinem Volk.
Alle Enden der Erde sollen erkennen:
Du bist der ewige Gott.

Sir 36,1–10.17–22

Gepriesen und gelobt bist du, Herr, Gott unserer Väter;
herrlich ist dein Name in alle Ewigkeit.
Denn du bist gerecht in allem, was du getan hast.
All deine Taten sind richtig, deine Wege gerade.
Alle deine Urteile sind wahr.
Du hast gerechte Strafen verhängt, in allem, was du über uns gebracht hast.
Ja, nach Wahrheit und Recht
hast du all dies wegen unserer Sünden herbeigeführt.
Denn wir haben gesündigt und durch Treubruch gefrevelt
und haben in allem gefehlt.
Wir haben deinen Geboten nicht gehorcht,
haben weder beachtet noch getan,
was du uns zu unserem Wohl befohlen hast.
Alles, was du uns geschickt hast,
alles, was du uns getan hast,
das hast du nach deiner gerechten Entscheidung getan.
Du hast uns der Gewalt gesetzloser Feinde und gehässiger Verräter preisgegeben
und einem ungerechten Herrscher,
dem schlimmsten Herrscher der ganzen Welt.
Und jetzt dürfen wir nicht einmal den Mund auftun.

Schande und Schmach kam über deine Diener und
Verehrer.
Um deines Namens willen verwirf uns nicht für immer;
löse deinen Bund nicht auf!
Versag uns nicht dein Erbarmen,
deinem Freund Abraham zuliebe,
deinem Knecht Isaak und Israel, deinem Heiligen,
denen du Nachkommen verheißen hast so zahlreich
wie die Sterne am Himmel und wie der Sand am Ufer
des Meeres.
Ach, Herr, wir sind geringer geworden als alle Völker.
In aller Welt sind wir heute wegen unserer Sünden
erniedrigt.
Wir haben in dieser Zeit weder Vorsteher
noch Propheten und keinen, der uns anführt,
weder Brandopfer noch Schlachtopfer,
weder Speiseopfer noch Räucherwerk,
noch einen Ort, um dir die Erstlingsgaben darzubringen
und um Erbarmen zu finden bei dir.
Du aber nimm uns an!
Wir kommen mit zerknirschtem Herzen und
demütigem Sinn.
Wie Brandopfer von Widdern und Stieren,
wie Tausende fetter Lämmer,

so gelte heute unser Opfer vor dir und verschaffe uns
bei dir Sühne.
Denn wer dir vertraut, wird nicht beschämt.
Wir folgen dir jetzt von ganzem Herzen,
fürchten dich und suchen dein Angesicht.
Überlaß uns nicht der Schande,
sondern handle an uns nach deiner Milde,
nach deinem überreichen Erbarmen!
Errette uns, deinen wunderbaren Taten entsprechend;
verschaff deinem Namen Ruhm, Herr!
Doch alle, die deinen Dienern Böses tun,
sollen beschämt werden.
Sie sollen zuschanden werden
und ihre Herrschaft verlieren.
Ihre Stärke soll zerschlagen werden.
Sie sollen erkennen,
daß du allein der Herr und Gott bist,
ruhmreich auf der ganzen Erde.

Dan 3,26–45

3

Du rettest Israel aus aller Not.

2 Makk 1,25

Ach, warum bin ich geboren, daß ich erleben muß,
wie man mein Volk vernichtet
und die heilige Stadt zerstört?
Ohnmächtig mußte man zusehen,
wie sie in die Gewalt ihrer Feinde geriet,
wie die heilige Stätte Fremden in die Hände fiel.
Ihr Tempel wurde wie ein ehrloser Mann,
ihre Kostbarkeiten schleppte man als Beute fort.
Auf den Plätzen erschlug man ihre kleinen Kinder;
ihre jungen Männer fielen unter dem Schwert des
Feindes.
Welches Volk hat nicht ein Stück des Reiches erhalten,
hat sich nicht seinen Anteil an der Beute errafft?
Ihren ganzen Schmuck nahm man ihr weg.
Die Freie wurde zur Sklavin.
Seht, unser Heiligtum,
unsere Zierde und unser Ruhm, liegt verödet;
fremde Völker haben es entweiht.
Wozu leben wir noch?

1 Makk 2,7–13

Herr, o Gott, du Gott und Schöpfer aller Dinge,
furchtbarer, starker, gerechter und barmherziger Gott!
Du allein bist König, und du bist gütig.
Du allein gibst alle Gaben.
Nur du bist gerecht, allmächtig und ewig.
Du rettest Israel aus aller Not.
Du hast unsere Väter erwählt und heilig gemacht.
Nimm dieses Opfer an für dein ganzes Volk Israel!
Behüte dein Erbteil, und mach es heilig!
Sammle uns aus der Zerstreuung,
befreie alle, die bei den Heiden in Knechtschaft leben,
schau auf die Verachteten und Verabscheuten!
Dadurch sollen die Heiden erkennen, daß du unser
Gott bist.

2 Makk 1,24–27

XV
Für die Gemeinschaft der Gläubigen

In der Kirche, der Gemeinschaft der Gläubigen, ist Gott gegenwärtig. Ihm, dem lebendigen Gott, tragen wir unsere Bitten und Anliegen vor, wie es schon im Weihegebet des salomonischen Tempels geschah (1 Kön 8,23–53). Aus der Hand des Herrn kommen auch die Spenden, die zum Bau des Gotteshauses bereitgestellt wurden (1 Chr 29,10–18).
Einen ganz anderen Charakter haben die neutestamentlichen Texte, die um das Heil der Gläubigen kreisen. Es gibt noch keine Gebäude aus Stein und Glas, in denen Gott verehrt wird, Tempel des Herrn ist allein die Gemeinde, die »im Geist zu einer Wohnung Gottes erbaut« werden soll (Eph 2,22). Deshalb haben die Texte oft mehr die Form einer Meditation, einer Besinnung auf die Grundlagen der Gemeinschaft mit Gott und seinem Sohn, Jesus Christus.

Zur Besinnung

Als nun der König in seinem Haus wohnte, sagte er zu dem Propheten Natan: Ich wohne in einem Haus aus Zedernholz, die Lade Gottes aber wohnt in einem Zelt. Natan antwortete dem König: Geh nur und tu alles, was du im Sinn hast; denn der Herr ist mit dir. Aber in jener Nacht erging das Wort des Herrn an Natan: Geh zu meinem Knecht David, und sag zu ihm: So spricht der Herr: Du willst mir ein Haus bauen, damit ich darin wohne? Seit dem Tag, als ich die Israeliten aus Ägypten heraufgeführt habe, habe ich bis heute nie in einem Haus gewohnt, sondern bin in einer Zeltwohnung umhergezogen.

2 Sam 7,1–6

Jesus antwortete ihnen: Reißt diesen Tempel nieder, in drei Tagen werde ich ihn wieder aufrichten. Da sagten die Juden: Sechsundvierzig Jahre wurde an diesem Tempel gebaut, und du willst ihn in drei Tagen wieder aufrichten? Er aber meinte den Tempel seines Leibes.

Joh 2,19–21

1

Wirklich, der Herr ist an diesem Ort,
und ich wußte es nicht.

Gen 28,16

Gebet Davids

Gepriesen bist du, Herr, Gott unseres Vaters Israel,
von Ewigkeit zu Ewigkeit.
Dein, Herr, sind Größe und Kraft,
Ruhm und Glanz und Hoheit;
dein ist alles im Himmel und auf Erden.
Herr, dein ist das Königtum.
Du erhebst dich als Haupt über alles.
Reichtum und Ehre kommen von dir;
du bist der Herrscher über das All.
In deiner Hand liegen Kraft und Stärke;
von deiner Hand kommt alle Größe und Macht.
Darum danken wir dir, unser Gott,
und rühmen deinen herrlichen Namen.
Doch wer bin ich, und was ist mein Volk,
daß wir die Kraft besaßen, diese Gaben zu spenden?

Von dir kommt ja alles;
und was wir dir gegeben haben, stammt aus deiner Hand.
Denn wir sind nur Gäste bei dir,
Fremdlinge, wie alle unsere Väter.
Wie ein Schatten sind unsere Tage auf Erden und ohne Hoffnung.
Herr, unser Gott, diese ganze Fülle, die wir bereitgestellt haben,
um dir, deinem heiligen Namen,
ein Haus zu bauen,
kam aus deiner Hand; dir gehört alles.
Ich weiß, mein Gott,
daß du die Herzen prüfst und an Aufrichtigkeit Gefallen hast.
Mit aufrichtigem Herzen habe ich dies alles gegeben,
und ich habe mit Freuden gesehen,
wie auch dein Volk, das sich hier eingefunden hat,
dir willig spendet.
Herr, Gott unserer Väter Abraham, Isaak und Israel,
erhalte diese Gesinnung für immer im Herzen deines Volkes!
Lenke sein Herz auf dich!

1 Chr 29,10–18

Gebet Salomos

Herr, Gott Israels, im Himmel oben und auf der Erde unten
gibt es keinen Gott,
der so wie du Bund und Huld seinen Knechten bewahrt,
die mit ungeteiltem Herzen vor ihm leben.
Du hast das Versprechen gehalten,
das du deinem Knecht, meinem Vater David, gegeben hast.
Deine Hand hat heute erfüllt, was dein Mund versprochen hat.
Und nun, Herr, Gott Israels, halte auch das andere Versprechen,
das du deinem Knecht David, meinem Vater, gegeben hast, als du sagtest:
Es soll dir nie an einem Nachkommen fehlen,
der vor mir auf dem Thron Israels sitzt,
wenn nur deine Söhne darauf achten,
ihren Weg so vor mir zu gehen, wie du es getan hast.
Gott Israels, möge sich jetzt dein Wort,
das du deinem Knecht David, meinem Vater, gegeben hast,
als wahr erweisen.

Wohnt denn Gott wirklich auf der Erde?
Siehe, selbst der Himmel und die Himmel der Himmel
fassen dich nicht,
wieviel weniger dieses Haus, das ich gebaut habe.
Wende dich, Herr, mein Gott,
dem Beten und Flehen deines Knechtes zu!
Höre auf das Rufen und auf das Gebet,
das dein Knecht heute vor dir verrichtet.
Halte deine Augen offen über diesem Haus
bei Nacht und bei Tag,
über der Stätte, von der du gesagt hast,
daß dein Name hier wohnen soll.
Höre auf das Gebet, das dein Knecht an dieser Stätte verrichtet.
Achte auf das Flehen deines Knechtes und deines Volkes Israel,
wenn sie an dieser Stätte beten.
Höre sie im Himmel, dem Ort, wo du wohnst.
Höre sie, und verzeih!
Wenn sich jemand gegen seinen Nächsten verfehlt
und dieser ihm einen Eid abverlangt,
den er schwören muß,
und er dann kommt und vor deinem Altar in diesem Haus schwört,
so höre du es im Himmel, und greif ein!

Verschaff deinen Knechten Recht;
verurteile den Schuldigen,
und laß sein Tun auf ihn selbst zurückfallen!
Den Schuldlosen aber sprich frei,
und vergilt ihm, wie es seiner Gerechtigkeit entspricht.
Wenn der Himmel verschlossen ist und kein Regen fällt,
weil sie gegen dich gesündigt haben,
und wenn sie dann an diesem Ort beten,
deinen Namen preisen und von ihrer Sünde lassen,
weil du sie demütigst,
so höre du sie im Himmel!
Vergib deinen Knechten und deinem Volk Israel ihre Sünden;
denn du führst sie den guten Weg,
den sie gehen sollen.
Spende Regen deinem Land,
das du deinem Volk zum Erbbesitz gegeben hast.
Wenn im Land Hungersnot herrscht,
wenn Pest ausbricht,
wenn Getreidebrand, Rost, Heuschrecken und Ungeziefer auftreten,
wenn Feinde sie im eigenen Land bedrängen,
wenn irgendeine Plage oder Krankheit sie trifft,

(so höre du) jedes Gebet und Flehen eines jeden einzelnen
und deines ganzen Volkes Israel;
denn sie alle kennen die Not ihres Herzens
und erheben ihre Hände zu diesem Haus.
Höre sie dann im Himmel, dem Ort,
wo du wohnst, und verzeih!
Greif ein, und vergilt jedem,
wie es sein Tun verdient.
Du kennst ja ihre Herzen;
denn du allein kennst die Herzen aller Menschen.
So werden sie dich fürchten,
solange sie in dem Land leben,
das du unseren Vätern gegeben hast.
Auch Fremde, die nicht zu diesem Volk Israel gehören,
werden wegen deines Namens aus fernen Ländern kommen;
denn sie werden von deinem großen Namen,
deiner starken Hand und deinem hoch erhobenen Arm hören.
Sie werden kommen und in diesem Haus beten.
Höre sie dann im Himmel, dem Ort, wo du wohnst,
und tu alles, weswegen der Fremde zu dir ruft.
Dann werden alle Völker der Erde deinen Namen erkennen.

Sie werden dich fürchten,
wie dein Volk Israel dich fürchtet,
und erfahren, daß dein Name ausgerufen ist über
diesem Haus,
das ich gebaut habe.
Wenn sie gegen dich sündigen –
es gibt ja niemand, der nicht sündigt –
und du ihnen zürnst, sie ihren Bedrängern preisgibst
und ihre Feinde sie gefangen fortführen in ein fernes
oder nahes Land,
so werden sie im Land ihrer Gefangenschaft in sich
gehen.
Sie werden im Land ihrer Gefangenschaft umkehren,
zu dir flehen und rufen:
Wir haben gesündigt, Unrecht getan und gefrevelt.
Mit ganzem Herzen und ganzer Seele werden sie im
Land ihrer Feinde,
von denen sie als Gefangene weggeführt wurden,
zu dir umkehren und zu dir beten,
zum Land hingewendet, das du ihren Vätern gegeben
hast,
zur Stadt hin, die du erwählt hast,
und zum Haus hin, das ich deinem Namen gebaut
habe.

Höre dann im Himmel, dem Ort, wo du wohnst,
ihr Beten und Flehen!
Verschaff ihnen Recht,
und verzeih deinem Volk, was es gegen dich
gesündigt hat;
verzeih ihm alle Frevel, die es gegen dich begangen hat.
Laß sie bei ihren Unterdrückern Mitleid und
Erbarmen finden!
Sie sind ja dein Volk und dein Eigentum,
das du aus dem Schmelzofen, aus Ägypten,
herausgeführt hast.
Halte deine Augen offen für das Flehen deines Knechtes
und für das Flehen deines Volkes Israel!
Erhöre sie, sooft sie zu dir rufen.
Du hast dir Israel unter allen Völkern der Erde als
Eigentum ausgewählt,
wie du es durch deinen Knecht Mose verkündet hast,
als du unsere Väter aus Ägypten geführt hast,
Herr und Gott.

1 Kön 8,23–53

2

Die Gnade Jesu Christi, des Herrn, die Liebe Gottes und die Gemeinschaft des Heiligen Geistes sei mit euch allen.

2 Kor 13,13

Herr, du hast den Himmel,
die Erde und das Meer geschaffen
und alles, was dazugehört;
du hast durch den Mund unseres Vaters David,
deines Knechtes, durch den Heiligen Geist gesagt:
Warum toben die Völker,
warum machen die Nationen vergebliche Pläne?
Die Könige der Erde stehen auf,
und die Herrscher haben sich verbündet
gegen den Herrn und seinen Gesalbten.
Wahrhaftig, verbündet haben sich in dieser Stadt
gegen deinen heiligen Knecht Jesus,
den du gesalbt hast,
Herodes und Pontius Pilatus
mit den Heiden und den Stämmen Israels,
um alles auszuführen,
was deine Hand und dein Wille im voraus bestimmt
haben.
Doch jetzt, Herr, sieh auf ihre Drohungen
und gib deinen Knechten die Kraft,
mit allem Freimut dein Wort zu verkünden.
Streck deine Hand aus,
damit Heilungen und Zeichen und Wunder geschehen
durch den Namen deines heiligen Knechtes Jesus.

Apg 4,24–30

Der Gott Jesu Christi, unseres Herrn,
der Vater der Herrlichkeit,
gebe euch den Geist der Weisheit und Offenbarung,
damit ihr ihn erkennt.
Er erleuchte die Augen eures Herzens,
damit ihr versteht,
zu welcher Hoffnung ihr durch ihn berufen
seid,
welchen Reichtum die Herrlichkeit seines Erbes
den Heiligen schenkt
und wie überragend groß seine Macht sich
an uns, den Gläubigen, erweist
durch das Wirken seiner Kraft und Stärke.
Er hat sie an Christus erwiesen,
den er von den Toten auferweckt
und im Himmel auf den Platz zu seiner Rechten
erhoben hat,
hoch über alle Fürsten und Gewalten,
Mächte und Herrschaften und über jeden Namen,
der nicht nur in dieser Welt,
sondern auch in der zukünftigen genannt wird.
Alles hat er ihm zu Füßen gelegt
und ihn, der als Haupt alles überragt,
über die Kirche gesetzt.

Sie ist sein Leib
und wird von ihm erfüllt,
der das All ganz und gar beherrscht.

Eph 1,17–23

Das Abschiedsgebet Jesu

Jesus erhob seine Augen zum Himmel und sprach:
Vater, die Stunde ist da.
Verherrliche deinen Sohn,
damit der Sohn dich verherrlicht.
Denn du hast ihm Macht über alle Menschen gegeben,
damit er allen, die du ihm gegeben hast,
ewiges Leben schenkt.
Das ist das ewige Leben: dich, den einzigen wahren Gott,
zu erkennen und Jesus Christus, den du gesandt hast.
Ich habe dich auf Erden verherrlicht
und das Werk zu Ende geführt,
das du mir aufgetragen hast.
Vater, verherrliche du mich jetzt bei dir mit der
Herrlichkeit,
die ich bei dir hatte, bevor die Welt war.

Ich habe deinen Namen den Menschen offenbart,
die du mir aus der Welt gegeben hast.
Sie gehörten dir, und du hast sie mir gegeben,
und sie haben an deinem Wort festgehalten.
Sie haben jetzt erkannt, daß alles,
was du mir gegeben hast, von dir ist.
Denn die Worte, die du mir gegeben hast,
gab ich ihnen, und sie haben sie angenommen.
Sie haben wirklich erkannt,
daß ich von dir ausgegangen bin,
und sie sind zu dem Glauben gekommen,
daß du mich gesandt hast.
Für sie bitte ich; nicht für die Welt bitte ich,
sondern für alle, die du mir gegeben hast;
denn sie gehören dir.
Alles, was mein ist, ist dein,
und was dein ist, ist mein;
in ihnen bin ich verherrlicht.
Ich bin nicht mehr in der Welt,
aber sie sind in der Welt, und ich gehe zu dir.
Heiliger Vater, bewahre sie in deinem Namen,
den du mir gegeben hast, damit sie eins sind wie wir.
Solange ich bei ihnen war,
bewahrte ich sie in deinem Namen,
den du mir gegeben hast.

Und ich habe sie behütet,
und keiner von ihnen ging verloren,
außer dem Sohn des Verderbens,
damit sich die Schrift erfüllt.
Aber jetzt gehe ich zu dir.
Doch dies rede ich noch in der Welt,
damit sie meine Freude in Fülle in sich haben.
Ich habe ihnen dein Wort gegeben,
und die Welt hat sie gehaßt,
weil sie nicht von der Welt sind,
wie auch ich nicht von der Welt bin.
Ich bitte nicht, daß du sie aus der Welt nimmst,
sondern daß du sie vor dem Bösen bewahrst.
Sie sind nicht von der Welt,
wie auch ich nicht von der Welt bin.
Heilige sie in der Wahrheit; dein Wort ist Wahrheit.
Wie du mich in die Welt gesandt hast,
so habe auch ich sie in die Welt gesandt.
Und ich heilige mich für sie,
damit auch sie in der Wahrheit geheiligt sind.
Aber ich bitte nicht nur für diese hier,
sondern auch für alle,
die durch ihr Wort an mich glauben.

Alle sollen eins sein:
Wie du, Vater, in mir bist und ich in dir bin,
sollen auch sie in uns sein, damit die Welt glaubt,
daß du mich gesandt hast.
Und ich habe ihnen die Herrlichkeit gegeben,
die du mir gegeben hast;
denn sie sollen eins sein, wie wir eins sind,
ich in ihnen und du in mir.
So sollen sie vollendet sein in der Einheit,
damit die Welt erkennt, daß du mich gesandt hast
und die Meinen ebenso geliebt hast wie mich.
Vater, ich will, daß alle, die du mir gegeben hast,
dort bei mir sind, wo ich bin.
Sie sollen meine Herrlichkeit sehen,
die du mir gegeben hast,
weil du mich schon geliebt hast vor der Erschaffung der Welt.
Gerechter Vater, die Welt hat dich nicht erkannt,
ich aber habe dich erkannt, und sie haben erkannt,
daß du mich gesandt hast.
Ich habe ihnen deinen Namen bekannt gemacht
und werde ihn bekannt machen, damit die Liebe,
mit der du mich geliebt hast,
in ihnen ist und damit ich in ihnen bin.

Joh 17

XVI
Lob und Dank

Lob und Dank sind Hauptthemen menschlichen Betens. Als Beispiele greifen wir hier nur acht Texte heraus, die zum Teil aus der Liturgie bekannt sind. Meist handelt es sich um sehr lange Hymnen, Loblieder und Litaneien, die erst im Gottesdienst der Gemeinde lebendig werden.
Zum Schluß aber beten wir das mit dem Danklied der Hanna (1 Sam 2,1–10) verwandte »Magnificat«, den Jubel Marias über ihre Begnadigung (Lk 1,46–55) sowie die Dankgebete »Benedictus« und »Nunc dimittis«, die Gott für die Errettung seines Volkes durch Jesus preisen.

Zur Besinnung

Auf dem Weg nach Jerusalem zog Jesus durch das Grenzgebiet von Samarien und Galiläa. Als er in ein Dorf hineingehen wollte, kamen ihm zehn Aussätzige entgegen. Sie blieben in der Ferne stehen und riefen: Jesus, Meister, hab Erbarmen mit uns! Als er sie sah, sagte er zu ihnen: Geht, zeigt euch den Priestern! Und während sie zu den Priestern gingen, wurden sie rein. Einer von ihnen aber kehrte um, als er sah, daß er geheilt war; und er lobte Gott mit lauter Stimme. Er warf sich vor den Füßen Jesu zu Boden und dankte ihm. Dieser Mann war aus Samarien. Da sagte Jesus: Es sind doch alle zehn rein geworden. Wo sind die übrigen neun? Ist denn keiner umgekehrt, um Gott zu ehren, außer diesem Fremden? Und er sagte zu ihm: Steh auf und geh! Dein Glaube hat dir geholfen.

Lk 17,11–19

1

Niemand ist heilig, nur der Herr;
denn außer dir gibt es keinen.

1 Sam 2,2

Das Lied des Mose

Ich singe dem Herrn ein Lied,
denn er ist hoch und erhaben.
Rosse und Wagen warf er ins Meer.
Meine Stärke und mein Lied ist der Herr,
er ist für mich zum Retter geworden.
Er ist mein Gott, ihn will ich preisen;
den Gott meines Vaters will ich rühmen.
Der Herr ist ein Krieger,
Jahwe ist sein Name.
Pharaos Wagen und seine Streitmacht warf er ins Meer.
Seine besten Kämpfer versanken im Schilfmeer.
Fluten deckten sie zu,
sie sanken in die Tiefe wie Steine.
Deine Rechte, Herr, ist herrlich an Stärke;
deine Rechte, Herr, zerschmettert den Feind.
In deiner erhabenen Größe
wirfst du die Gegner zu Boden.
Du sendest deinen Zorn;
er frißt sie wie Stoppeln.
Du schnaubst vor Zorn,
da türmte sich Wasser,
da standen Wogen als Wall,
Fluten erstarrten im Herzen des Meeres.

Da sagte der Feind: Ich jage nach, hole ein.
Ich teile die Beute, ich stille die Gier.
Ich zücke mein Schwert, meine Hand jagt sie davon.
Da schnaubtest du Sturm. Das Meer deckte sie zu.
Sie sanken wie Blei ins tosende Wasser.
Wer ist wie du unter den Göttern, o Herr?
Wer ist wie du gewaltig und heilig,
gepriesen als furchtbar, Wunder vollbringend?
Du strecktest deine Rechte aus,
da verschlang sie die Erde.
Du lenktest in deiner Güte
das Volk, das du erlöst hast,
du führtest sie machtvoll
zu deiner heiligen Wohnung.
Als die Völker das hörten, erzitterten sie,
die Philister packte das Schütteln.
Damals erschraken die Häuptlinge Edoms,
die Mächtigen von Moab packte das Zittern,
Kanaans Bewohner, sie alle verzagten.
Schrecken und Furcht überfiel sie,
sie erstarrten zu Stein
vor der Macht deines Arms,
bis hindurchzog, o Herr, dein Volk,
bis hindurchzog das Volk, das du erschufst.

Du brachtest sie hin
und pflanztest sie ein
auf dem Berg deines Erbes.
Einen Ort, wo du thronst, Herr,
hast du gemacht;
ein Heiligtum, Herr, haben deine Hände gegründet.
Der Herr ist König für immer und ewig.

Ex 15,1–18

Loblied Davids

Dankt dem Herrn! Ruft seinen Namen an!
Macht unter den Völkern seine Taten bekannt!
Singt ihm und spielt ihm,
sinnt nach über all seine Wunder!
Rühmt euch seines heiligen Namens!
Alle, die den Herrn suchen,
sollen sich von Herzen freuen.
Fragt nach dem Herrn und seiner Macht,
sucht sein Antlitz allezeit!
Denkt an die Wunder, die er getan hat,
an seine Zeichen und die Beschlüsse aus seinem Mund!
Bedenkt es, ihr Nachkommen seines Knechtes Abraham,
ihr Kinder Jakobs, die er erwählt hat!

Er, der Herr, ist unser Gott.
Seine Herrschaft umgreift die Erde.
Ewig denkt er an seinen Bund,
an das Wort, das er gegeben hat für tausend
Geschlechter,
an den Bund, den er mit Abraham geschlossen,
an den Eid, den er Isaak geschworen hat.
Er bestimmt ihn als Satzung für Jakob,
als ewigen Bund für Israel.
Er sprach: Dir will ich Kanaan geben,
das Land, das dir als Erbe bestimmt ist.
Als sie noch gering waren an Zahl,
nur wenige und fremd im Land,
und noch zogen von Volk zu Volk,
von einem Reich zum andern,
da ließ er sie von niemand bedrücken,
wies ihretwegen Könige zurecht:
Tastet meine Gesalbten nicht an,
tut meinen Propheten nichts zuleide!
Singt dem Herrn, alle Länder der Erde!
Verkündet sein Heil von Tag zu Tag!
Erzählt bei den Völkern von seiner Herrlichkeit,
bei allen Nationen von seinen Wundern!
Denn groß ist der Herr und hoch zu preisen,
mehr zu fürchten als alle Götter.

Alle Götter der Heiden sind nichtig,
der Herr aber hat den Himmel geschaffen.
Hoheit und Pracht sind vor seinem Angesicht,
Macht und Glanz in seinem Heiligtum.
Bringt dar dem Herrn, ihr Stämme der Völker,
bringt dar dem Herrn Lob und Ehre!
Bringt dar dem Herrn die Ehre seines Namens,
spendet Opfergaben, und tretet vor ihn hin!
In heiligem Schmuck werft euch nieder vor dem Herrn,
erbebt vor ihm, alle Länder der Erde!
Den Erdkreis hat er gegründet, so daß er nicht wankt.
Der Himmel freue sich, die Erde frohlocke.
Verkündet bei den Völkern: Der Herr ist König.
Es brause das Meer und alles, was es erfüllt,
es jauchze die Flur und was auf ihr wächst.
Jubeln sollen alle Bäume des Waldes vor dem Herrn,
wenn er kommt, um die Erde zu richten.
Danket dem Herrn, denn er ist gütig,
denn seine Huld währt ewig.

1 Chr 16,8–34

Danklied Sirachs

Ich will dich preisen, mein Herr und König,
ich will dich loben, Gott meines Heils.
Ich will deinen Namen verkünden,
du Hort meines Lebens,
denn du hast mich vom Tod errettet.
Du hast meinen Leib vor dem Grab bewahrt,
meinen Fuß dem Griff der Unterwelt entrissen.
Du hast mich befreit von der Geißel böser Zungen,
von den Lippen treuloser Lügner.
Gegen meine Widersacher standest du mir zur Seite,
in deiner großen Huld hast du mir geholfen
aus der Schlinge derer, die auf meinen Fall lauern,
aus der Hand jener, die mir nach dem Leben trachten.
Aus vielen Nöten hast du mich erlöst,
aus der Bedrängnis der Flammen, die mich umringten,
aus Gluten, die nicht wirklich geschürt,
aus dem Schoß der Flut, nicht wirklich von Wasser,
sondern von schändlichen Lippen und Erfindern von Lüge,
von den Pfeilen der falschen Zunge.
Schon war ich dem Tode nahe
und mein Leben den Tiefen der Unterwelt.

Ich wandte mich nach allen Seiten
und fand keinen Helfer,
ich spähte nach einem Beistand, doch keiner war da.
Da dachte ich an das Erbarmen des Herrn,
an die Taten seiner Huld, die seit Ewigkeit
 bestehen.
Er hilft allen, die auf ihn vertrauen,
und erlöst sie aus jeder Gefahr.
So erhob ich von der Erde meine Stimme,
ich schrie von den Toren der Unterwelt her.
Ich rief: Herr, mein Vater bist du,
mein Gott, mein rettender Held.
Verlaß mich nicht am Tag der Not,
am Tag der Vernichtung und Verwüstung!
Deinen Namen will ich allzeit loben,
an dich denken im Gebet.
Da hörte der Herr meine Stimme
und achtete auf mein Flehen.
Er erlöste mich von allem Unheil
und rettete mich am Tag der Not.
Darum danke ich dem Herrn
und will seinen Namen loben und verherrlichen.
Danket dem Herrn, denn er ist gut,
denn seine Huld währt ewig.

Danket dem Gott der Lobgesänge,
denn seine Huld währt ewig.
Danket dem Wächter Israels,
denn seine Huld währt ewig.
Danket dem Schöpfer des Alls,
denn seine Huld währt ewig.
Danket dem Erlöser Israels,
denn seine Huld währt ewig.
Danket dem, der Israels Versprengte sammelt,
denn seine Huld währt ewig.
Danket dem Erbauer seiner Stadt und des Heiligtums,
denn seine Huld währt ewig.
Danket dem, der dem Haus David Macht verlieh,
denn seine Huld währt ewig.
Danket dem, der Zadoks Söhne zu Priestern erwählt hat,
denn seine Huld währt ewig.
Danket dem Schild Abrahams,
denn seine Huld währt ewig.
Danket dem Fels Isaaks,
denn seine Huld währt ewig.
Danket dem Starken Jakobs,
denn seine Huld währt ewig.
Danket dem, der Zion erwählt hat,
denn seine Huld währt ewig.

Danket dem König der höchsten Könige,
denn seine Huld währt ewig.
Seinem Volk verleiht er Macht –
das ist ein Ruhm für all seine Frommen,
für Israels Söhne, das Volk, das sich ihm nahen darf.
Halleluja!

Sir 51,1–12

Tobits Lobgesang

Gepriesen sei Gott, der in Ewigkeit lebt,
sein Königtum sei gepriesen.
Er züchtigt und hat auch wieder Erbarmen;
er führt hinab in die Unterwelt
und führt auch wieder zum Leben.
Niemand kann seiner Macht entfliehen.
Bekennt euch zu ihm vor allen Völkern,
ihr Kinder Israels;
denn er selbst hat uns unter die Völker zerstreut.
Verkündet dort seine erhabene Größe,
preist ihn laut vor allem, was lebt.

Denn er ist unser Herr und Gott,
er ist unser Vater in alle Ewigkeit.
Er züchtigt uns wegen unserer Sünden,
doch hat er auch wieder Erbarmen.
Er führt uns aus allen Völkern zusammen,
von überall her, wohin ihr verschleppt worden
seid.
Wenn ihr zu ihm umkehrt,
von ganzem Herzen und aus ganzer Seele,
und euch an seine Wahrheit haltet,
dann kehrt er sich euch zu
und verbirgt sein Angesicht nicht mehr vor
euch.
Wenn ihr dann seht, was er für euch tut,
bekennt euch laut und offen zu ihm!
Preist den Herrn der Gerechtigkeit,
rühmt den ewigen König!
Ich bekenne mich zum Herrn
im Land der Verbannung,
ich bezeuge den Sündern seine Macht
und erhabene Größe.
Kehrt um, ihr Sünder,
tut, was recht ist in seinen Augen.
Vielleicht ist er gnädig und hat mit euch Erbarmen.

Ich will meinen Gott rühmen,
den König des Himmels,
meine Seele freut sich
über die erhabene Größe meines Gottes.
Alle, die in Jerusalem wohnen,
sollen sich zu ihm bekennen und sagen:
Jerusalem, du heilige Stadt!
Der Herr bestraft die Taten deiner Kinder,
doch er hat wieder Erbarmen
mit den Söhnen der Gerechten.
Bekenne dich zum Herrn in rechter Weise,
preise den ewigen König,
damit sein Zelt von neuem errichtet wird,
dir zur großen Freude.
Er mache in dir die Gefangenen wieder froh
und schenke denen, die im Elend leben, seine Liebe,
für alle Zeiten bis in Ewigkeit.
Von weither werden die Völker kommen,
um den Namen des Herrn, unseres Gottes, zu preisen.
Sie tragen Geschenke herbei,
Geschenke für den himmlischen König.
Alle Menschen jubeln dir zu.
Verflucht sind alle, die dich hassen,
auf ewig gesegnet alle, die dich lieben.

Freu dich und juble
über alle Gerechten!
Sie werden vereint sein
und den Herrn der Gerechten preisen.
Wohl denen, die dich lieben;
sie werden sich freuen
über den Frieden, den du schenkst.
Wohl denen, die betrübt waren
über deine harten Strafen;
denn sie werden sich über dich freuen,
wenn sie all deine Herrlichkeit sehen.
Sie werden sich freuen in Ewigkeit.
Meine Seele preise Gott, den großen König.
Denn Jerusalem wird wieder aufgebaut
aus Saphir und Smaragd,
seine Mauern macht man aus Edelstein,
seine Türme und Wälle aus reinem Gold;
Jerusalems Plätze werden ausgelegt
mit Beryll und Rubinen und mit Steinen aus Ofir.
Halleluja ruft man in all seinen Gassen
und stimmt in den Lobpreis ein:
Gepriesen sei Gott;
er hat uns groß gemacht für alle Zeiten.

Tob 13,1–18

Judits Lobgesang

Stimmt ein Lied an für meinen Gott unter
Paukenschall,
singt für den Herrn unter Zimbelklang!
Preist ihn, und singt sein Lob,
rühmt seinen Namen, und ruft ihn an!
Denn der Herr ist ein Gott,
der den Kriegen ein Ende setzt;
er führte mich heim in sein Lager inmitten
des Volkes
und rettete mich aus der Gewalt der Feinde.
Assur kam von den Bergen des Nordens
mit seiner unzählbaren Streitmacht;
die Masse der Truppen verstopfte die Täler,
sein Reiterheer bedeckte die Hügel.
Brandschatzen wollten sie mein Gebiet,
die Jugend morden mit scharfem Schwert
den zarten Säugling am Boden zerschmettern,
die Kinder als Beute verschleppen,
als billigen Raub die Mädchen entführen.
Doch der Herr, der Allmächtige, gab sie preis,
er gab sie der Vernichtung preis
durch die Hand einer Frau.

Ihr Held fiel nicht durch die Kraft junger Männer,
nicht Söhne von Riesen erschlugen ihn,
noch traten ihm hohe Recken entgegen.
Nein, Judit, Meraris Tochter,
bannte seine Macht mit dem Reiz ihrer Schönheit.
Sie legte ihr Witwengewand ab,
um den Bedrängten in Israel zu helfen.
Sie salbte ihr Gesicht mit duftendem Öl,
sie schmückte ihre Haare mit einem Diadem
und zog ein Leinenkleid an, um ihn zu verführen.
Ihre Sandalen bezauberten sein Auge.
So schlug ihre Schönheit sein Herz in Bann.
Das Schwert traf seinen Nacken mit Wucht.
Die Perser erschraken vor ihrer Kühnheit,
die Meder erstarrten vor ihrem Mut.
Jubel erfüllte mein armes Volk –
sie aber gerieten in Schrecken.
Die Meinen waren schwach –
sie aber packte Entsetzen.
Die einen stimmten den Schlachtruf an –
die anderen ergriffen die Flucht.
Erbärmliches Volk! Man stieß sie nieder
und schlug sie nieder wie Kinder von Ehebrecherinnen;
sie kamen um durch das Heer meines Herrn.

Ich singe meinem Gott ein neues Lied;
Herr, du bist groß und voll Herrlichkeit.
Wunderbar bist du in deiner Stärke,
keiner kann dich übertreffen.
Dienen muß dir deine ganze Schöpfung.
Denn du hast gesprochen, und alles entstand.
Du sandtest deinen Geist, um den Bau zu vollenden
Kein Mensch kann deinem Wort widerstehen.
Meere und Berge erbeben in ihrem Grund,
vor dir zerschmelzen die Felsen wie Wachs.
Doch wer dich fürchtet, der erfährt deine Gnade.
Zu gering ist jedes Opfer, um dich zu erfreuen,
alle Fettstücke sind nichts beim Opfer für dich.
Wer den Herrn fürchtet, der ist groß für immer.
Doch weh den Völkern, die mein Volk bekämpfen.
Am Tag des Gerichts straft sie der allmächtige Herr,
er schickt Feuer und Würmer in ihr Gebein;
in Ewigkeit sollen sie heulen vor Schmerz.

Jdt 16,1–17

Der Lobgesang der drei jungen Männer im Feuerofen

Gepriesen bist du, Herr, du Gott unserer Väter,
gelobt und gerühmt in Ewigkeit.
Gepriesen ist dein heiliger, herrlicher Name,
hoch gelobt und verherrlicht in Ewigkeit.
Gepriesen bist du im Tempel deiner heiligen
  Herrlichkeit,
hoch gerühmt und verherrlicht in Ewigkeit.
Gepriesen bist du, der in die Tiefen schaut
und auf Kerubim thront,
gelobt und gerühmt in Ewigkeit.
Gepriesen bist du auf dem Thron deiner Herrschaft,
hoch gerühmt und gefeiert in Ewigkeit.
Gepriesen bist du am Gewölbe des Himmels,
gerühmt und verherrlicht in Ewigkeit.
Preist den Herrn, all ihr Werke des Herrn;
lobt und rühmt ihn in Ewigkeit!
Preist den Herrn, ihr Himmel;
lobt und rühmt ihn in Ewigkeit!
Preist den Herrn, ihr Engel des Herrn;
lobt und rühmt ihn in Ewigkeit!
Preist den Herrn, all ihr Wasser über dem Himmel;
lobt und rühmt ihn in Ewigkeit!

Preist den Herrn, all ihr Mächte des Herrn;
lobt und rühmt ihn in Ewigkeit!
Preist den Herrn, Sonne und Mond;
lobt und rühmt ihn in Ewigkeit!
Preist den Herrn, ihr Sterne am Himmel;
lobt und rühmt ihn in Ewigkeit!
Preist den Herrn, aller Regen und Tau;
lobt und rühmt ihn in Ewigkeit!
Preist den Herrn, all ihr Winde;
lobt und rühmt ihn in Ewigkeit!
Preist den Herrn, Feuer und Glut;
lobt und rühmt ihn in Ewigkeit!
Preist den Herrn, Frost und Hitze;
lobt und rühmt ihn in Ewigkeit!
Preist den Herrn, Tau und Schnee;
lobt und rühmt ihn in Ewigkeit!
Preist den Herrn, Eis und Kälte;
lobt und rühmt ihn in Ewigkeit!
Preist den Herrn, Rauhreif und Schnee;
lobt und rühmt ihn in Ewigkeit!
Preist den Herrn, ihr Nächte und Tage;
lobt und rühmt ihn in Ewigkeit!
Preist den Herrn, Licht und Dunkel;
lobt und rühmt ihn in Ewigkeit!

Preist den Herrn, ihr Blitze und Wolken;
lobt und rühmt ihn in Ewigkeit!
Die Erde preise den Herrn;
sie lobe und rühme ihn in Ewigkeit!
Preist den Herrn, ihr Berge und Hügel;
lobt und rühmt ihn in Ewigkeit!
Preist den Herrn, all ihr Gewächse auf Erden;
lobt und rühmt ihn in Ewigkeit!
Preist den Herrn, ihr Quellen;
lobt und rühmt ihn in Ewigkeit!
Preist den Herrn, ihr Meere und Flüsse;
lobt und rühmt ihn in Ewigkeit!
Preist den Herrn, ihr Tiere des Meeres
und alles, was sich regt im Wasser;
lobt und rühmt ihn in Ewigkeit!
Preist den Herrn, all ihr Vögel am Himmel;
lobt und rühmt ihn in Ewigkeit!
Preist den Herrn, all ihr Tiere,
  wilde und zahme;
lobt und rühmt ihn in Ewigkeit!
Preist den Herrn, ihr Menschen;
lobt und rühmt ihn in Ewigkeit!
Preist den Herrn, ihr Israeliten;
lobt und rühmt ihn in Ewigkeit!

Preist den Herrn, ihr seine Priester;
lobt und rühmt ihn in Ewigkeit!
Preist den Herrn, ihr seine Knechte;
lobt und rühmt ihn in Ewigkeit!
Preist den Herrn, ihr Geister und Seelen der Gerechten;
lobt und rühmt ihn in Ewigkeit!
Preist den Herrn, ihr Demütigen und Frommen;
lobt und rühmt ihn in Ewigkeit!
Preist den Herrn, Hananja, Asarja und Mischaël;
lobt und rühmt ihn in Ewigkeit!
Denn er hat uns der Unterwelt entrissen
und aus der Gewalt des Todes errettet.
Er hat uns aus dem lodernden Ofen befreit,
uns mitten aus dem Feuer erlöst.
Dankt dem Herrn, denn er ist gütig;
denn seine Huld währt ewig.
Preist alle den Herrn, ihr seine Verehrer,
preist den Gott der Götter;
singt ihm Lob und Dank;
denn ewig währt seine Güte.

Dan 3,52–90

Danklied der Hanna

Mein Herz ist voll über den Herrn,
große Kraft gibt mir der Herr.
Weit öffnet sich mein Mund gegen meine Feinde;
denn ich freue mich über deine Hilfe.
Niemand ist heilig, nur der Herr;
denn außer dir gibt es keinen (Gott);
keiner ist ein Fels wie unser Gott.
Redet nicht immer so vermessen,
kein freches Wort komme aus eurem Mund;
denn der Herr ist ein wissender Gott,
und bei ihm werden die Taten geprüft.
Der Bogen der Helden wird zerbrochen,
die Wankenden aber gürten sich mit Kraft.
Die Satten verdingen sich um Brot,
doch die Hungrigen können feiern für immer.
Die Unfruchtbare bekommt sieben Kinder,
doch die Kinderreiche welkt dahin.
Der Herr macht tot und lebendig,
er führt zum Totenreich hinab und führt auch
herauf.
Der Herr macht arm und macht reich,
er erniedrigt, und er erhöht.

Den Schwachen hebt er empor aus dem Staub
und erhöht den Armen, der im Schmutz liegt;
er gibt ihm einen Sitz bei den Edlen,
einen Ehrenplatz weist er ihm zu.
Ja, dem Herrn gehören die Pfeiler der Erde;
auf sie hat er den Erdkreis gegründet.
Er behütet die Schritte seiner Frommen,
doch die Frevler verstummen in der Finsternis;
denn der Mensch ist nicht stark aus eigener Kraft.
Wer gegen den Herrn streitet, wird zerbrechen,
der Höchste läßt es donnern am Himmel.
Der Herr hält Gericht bis an die Grenzen der Erde.
Seinem König gebe er Kraft
und erhöhe die Macht seines Gesalbten.

1 Sam 2,1–10

2

Meine Augen haben das Heil gesehen.

Lk 2,30

Magnificat

Meine Seele preist die Größe des Herrn,
und mein Geist jubelt über Gott, meinen Retter.
Denn auf die Niedrigkeit seiner Magd hat er geschaut.
Siehe, von nun an preisen mich selig alle Geschlechter.
Denn der Mächtige hat Großes an mir getan,
und sein Name ist heilig.
Er erbarmt sich von Geschlecht zu Geschlecht
über alle, die ihn fürchten.
Er vollbringt mit seinem Arm machtvolle Taten:
Er zerstreut, die im Herzen voll Hochmut sind;
er stürzt die Mächtigen vom Thron
und erhöht die Niedrigen.
Die Hungernden beschenkt er mit seinen Gaben
und läßt die Reichen leer ausgehen.
Er nimmt sich seines Knechtes Israel an
und denkt an sein Erbarmen,
das er unseren Vätern verheißen hat,
Abraham und seinen Nachkommen auf ewig.

Lk 1,46–55

Benedictus

Gepriesen sei der Herr, der Gott Israels!
Denn er hat sein Volk besucht und ihm Erlösung geschaffen;
er hat uns einen starken Retter erweckt,
im Hause seines Knechtes David.
So hat er verheißen von alters her
durch den Mund seiner heiligen Propheten.
Er hat uns errettet vor unseren Feinden
und aus der Hand aller, die uns hassen;
er hat das Erbarmen mit den Vätern an uns vollendet
und an seinen heiligen Bund gedacht,
an den Eid, den er unserem Vater Abraham geschworen hat;
er hat uns geschenkt, daß wir aus Feindeshand befreit,
ihm furchtlos dienen
in Heiligkeit und Gerechtigkeit
vor seinem Angesicht all unsre Tage.
Und du, Kind, wirst Prophet des Höchsten heißen;
denn du wirst dem Herrn vorangehen und ihm den Weg bereiten.

Du wirst sein Volk mit der Erfahrung des Heils beschenken
in der Vergebung der Sünden.
Durch die barmherzige Liebe unseres Gottes
wird uns besuchen das aufstrahlende Licht aus der Höhe,
um allen zu leuchten, die in Finsternis sitzen
und im Schatten des Todes,
und unsre Schritte zu lenken auf den Weg des Friedens.

Lk 1,68–79

Gebet des Simeon

Nun läßt du, Herr, deinen Knecht,
wie du gesagt hast, in Frieden scheiden.
Denn meine Augen haben das Heil gesehen,
das du vor allen Völkern bereitet hast,
ein Licht, das die Heiden erleuchtet,
und Herrlichkeit für dein Volk Israel.

Lk 2,29–32

Stellenregister

NEUES TESTAMENT